교 양
심리학
사용 설명서

교 양
심리학
사용 설명서

요코타 마사오 감수 | 김정아 옮김

BM 주식회사 **성안당**
도서출판

KYOYO NO TORISETSU SHINRIGAKU

© Digical 2016

Originally published in Japan in 2016 by NIHONBUNGEISHA Co.,Ltd, TOKYO,

Korean translation rights arranged with NIHONBUNGEISHA Co.,Ltd, TOKYO,

through TOHAN CORPORATION, TOKYO, and EntersKorea Co.,Ltd., SEOUL.

Korean translation copyright © 2019 by Sung An Dang, Inc.

머리말

〈교양 심리학 사용 설명서〉는 다소 이상한 타이틀의 책입니다.

이 책은 제목 그대로 심리학 사용 설명서인데요. 보통 사용 설명서라고 하면 컴퓨터 사용 매뉴얼 등을 떠올리게 되죠. 하지만 컴퓨터는 사용 매뉴얼이 크게 변경되지 않았기 때문에 설명서가 없어도 곤란할 일이 없습니다.

반면 컴퓨터에 소프트웨어를 설치하는 경우는 다릅니다. 매뉴얼대로 설치하지 않으면 소프트웨어가 작동하지 않기 때문에 조작 매뉴얼을 항상 가까이에 두고 참조해야 하죠. 이처럼 컴퓨터 사용 매뉴얼과 소프트웨어 조작 매뉴얼은 같은 사용 설명서여도 기능이 다릅니다.
그렇다면 〈교양 심리학 사용 설명서〉는 어떤 매뉴얼에 가까울까요?

누구나 자신의 심리를 잘 안다고 생각합니다. 일반적으로 심리에 대한 관심도 높죠.

실제로는 어떨까요. 심리, 즉 마음에 대해 잘 안다고 생각했지만 막상 이 책을 들춰보면 '어?' 새롭게 알게 되고, '그렇구나' 수긍하게 되며, '이건 몰랐네' 새삼스러운 깨달음도 얻게 되지 않을까요? 마음은 꽤나 복잡하니까요.

현실에 적응하는 일은 마음의 역할입니다. 더 나아가 마음의 확대된 역할은 회사와 사회에서 '나'를 적응시키는 것이죠. 그런 의미에서 마음은 사회생활에 도움이 되는 지혜의 보고입니다.

현대 사회는 마음이 제대로 역할을 하기 어려운 상황이 많습니다. 또한 이에 대한 지식이 충분히 그리고 골고루 갖춰지지도 않았죠. 물론 누구나 마음을 갖고 있고 그 사실을 알고 있으므로 컴퓨터 매뉴얼이 필요 없는 것처럼 이 책이 없어도 어떻게든 해 나갈 수는 있겠죠.

하지만 앞서 말한 바와 같이 마음은 꽤나 복잡합니다. 마음이 서로 만나는 현실 사회 또한 복잡하고, 마음이 사회에 적응하는 메커니즘에 대해 일반적으로 알려져 있지 않기 때문에 마음 사용 설명서는 컴퓨터 사용 매뉴얼처럼 마냥 없어도 되는 것은 아닙니다. 즉, 이 책을 늘 지녀야 한다는 의미입니다.

그럼 이 책을 항상 참조하면서 마음을 사용해야 하냐고요? 그건 아닙니다. 왜냐하면 마음이란 것이 항상 매뉴얼대로 움직이지 않기 때문입니다. 그렇다면 도움이 안 되는 책이지 않느냐고요? 아닙니다. 그래도 매뉴얼이 있으면 마음에 대해 잘 알 수 있습니다. 마음의 역할과 기능에 대해 처음부터 배우는 것은 쉽지 않습니다. 또한 마음의 문제를 깊이 이해하는 데에도 시간이 걸립니다. 간편하게 참조할 수 있는 것이 있다면 깊이 이해하는 단서를 얻을 수 있습니다. 아는 것과 모르는 것은 큰 차이죠. 바로 여기에 〈교양 심리학 사용 설명서〉의 의미가 있는 것입니다.

이 책은 간편한 사용 설명서이지만 꽤 많은 분량으로 구성되어 있습니다. 그만큼 심리학의 영역이 넓습니다. 그렇기 때문에 마음을 깊이 알고 이용하는 데 쓰이는 〈교양 심리학 사용 설명서〉는 간편해도 많은 분량이 필요합니다.

즉, 이 책은 사용 매뉴얼과 조작 매뉴얼의 중간입니다. 책을 펼쳐 마음을 깊이 이해하고 사회생활에 적응할 때 이용하며, 마음에 문제가 있을 때도 참조하면 도움이 될 겁니다.

차례

제1장
여러 가지 심리학

인물 소개 플라톤 / 아리스토텔레스 / 르네 데카르트 / 임마누엘 칸트 / 게오르크 빌헬름
프리드리히 헤겔 / 프랜시스 베이컨 / 존 로크 / 빌헬름 분트

제2장
마음과 몸, 뇌의 관계

인물 소개 지그문트 프로이트 / 칼 구스타브 융 / 존 왓슨 / 에이브러햄 해롤드 매슬로 / 이반 페트로비치 파블로프 / 에드가 존 루빈 / 헤르만 에빙하우스 / 하인츠 코헛

제3장
자신을 알기 위한 힌트

인물 소개 에른스트 크레치머 / 에밀 크레펠린 / 엘리자베스 퀴블러 로스 / 해리 스택 설리반 / 카렌 호나이 / 에리히 제리히만 프롬 / 알프레드 비네 / 데이비드 웩슬러

제4장
상대를 알기 위한 힌트

제5장
업무에 도움 되는 심리학

인물 소개 에드워드 L. 손다이크 / 벌허스 프레더릭 스키너 / 앨버트 반두라 / 제임스 제롬 깁슨 / 쿠르트 코프카 / 쿠르트 슈나이더 / 레프 세묘노비치 비고츠키 / 프레드릭 허츠버그

제6장
연애에 도움 되는 심리학

인물 소개 장 피아제 / 존 볼비 / 안나 프로이트 / 멜라니 클라인 / 해리 F. 할로 / 에릭 H. 에릭슨 / 알프레드 아들러 / 로렌스 콜버그

제7장
마음의 문제를 안다

인물 소개 아론 T. 벡 / 알버트 엘리스 / 모리타 마사타카 / 요시모토 이신 / 칼 로저스 / 마틴 셀리그만 / 리처드 라자루스 / 프란츠 안톤 메스머

제1장
여러 가지 심리학

심리학이 학문으로 자리 잡은 것은 19세기 들어서다. 그러면 그 이전에 사람들은 '마음'에 대해 어떻게 생각했을까? 이에 대해서는 역사적으로 많은 현인들의 말이 전해지고 있다. 현재 심리학은 기초와 응용으로 크게 나뉘며, 관련 연구·실천 장르는 다양한 분야에 걸쳐 있다. 본 장에서는 생리, 학습, 임상, 인지, 사회 등 주요 심리학의 개론과 심리학의 확장 영역 대해서도 다룬다. 어떤 심리학이 있는지 살펴보자.

제1장

심리학이란

해설 심리학이란 '마음이란 무엇인가'를 해명하는 학문이다. 심리학은 19세기 독일에서 과학적 학문으로 확립됐다. 심리학은 사회에 제대로 적응하지 못하는 사람들에게 도움이 되는 학문이다.

사용 설명서 팁 인간관계로 고민하거나 스트레스 또는 긴장으로 기분이 가라앉는 부적응 상태에 대처하는 방법을 이해한다.

기초심리학과 응용심리학으로 분류

★기초심리학

여러 가지 심리학

실험이나 관찰을 통해 심리학의 일반 법칙을 연구하고 데이터와 자료에 기초해 인간의 심리를 해명한다. 생리심리학, 수리심리학, 학습심리학, 발달심리학 등이 있다. 이들 심리학은 각자 독립된 학문이 아니라 서로 깊이 관련되어 있기 때문에 연구는 여러 분야에 걸쳐 있다. 심리학을 과학이라고 할 수 있는 근거는 기초심리학이 있기 때문이라고도 할 수 있다. 마음과 뇌의 정보 처리나 마음과 몸의 반응 등을 과학적으로 연구해서 마음의 구조를 이론화·수치화한다. 응용심리학의 기초가 되는 학문인 것이다.

다른 학자의 문헌을 읽고 마음을 연구한다. 그리고 실험을 통해 새로운 사실을 발견한다.

★응용심리학

　기초심리학에서 얻은 지식이나 법칙을 현실에서 일어나는 마음의 문제를 해결하는 데 도움이 되도록 현장에서 응용하는 학문. 응용심리학 역시 임상심리학, 사회심리학, 문화심리학, 교육심리학, 산업심리학, 범죄심리학 등 여러 분야에 걸쳐 있다. 현대 사회가 직면해 있는 문제는 산더미다. 이런 문제를 기초심리학의 지식을 활용해서 해결해 나가는 것이 응용심리학에 요구된다. 자신과 관련 깊은 분야의 심리학을 알면 문제 해결의 실마리를 얻을 수 있을지도 모른다.

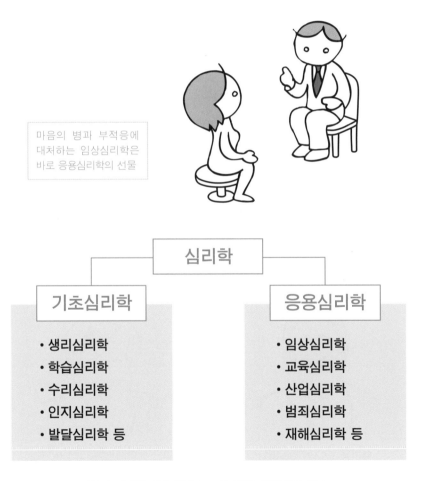

마음의 병과 부적응에 대처하는 임상심리학은 바로 응용심리학의 선물

심리학

기초심리학	응용심리학
• 생리심리학	• 임상심리학
• 학습심리학	• 교육심리학
• 수리심리학	• 산업심리학
• 인지심리학	• 범죄심리학
• 발달심리학 등	• 재해심리학 등

이외의 다양한 개별 영역으로 심리학은 발전하고 있다.

심리학의 기원은 철학

해설 19세기에 심리학이 학문으로 성립하기 이전에도 인간은 마음에 대해 생각했다. 특히 철학에서 받은 영향은 크다. 플라톤, 아리스토텔레스는 마음의 구조를 탐구한 대표적인 철학자이다.

사용 설명서 팁 고민이 있을 때는 철학서에 해답이나 도움을 구해 보는 것도 좋다. 철학서에는 사람으로서 지켜야 할 원리원칙이 적혀 있다.

심리학이 태어나기까지의 변천사

철학은 심리학에 크게 영향을 미쳤다. 역사에 이름을 남긴 위대한 철학자들은 마음을 어떻게 파악했을까? 플라톤은 '마음과 몸은 분리되어 있다'고 하는 심신이원론을 제창했고, 그의 제자 아리스토텔레스는 그것을 부정했다. 또한 근대 철학의 아버지 데카르트는 '마음과 몸은 각각 독립되어 있지만 상호 작용한다'고 했다. 로크, 헤겔 등의 현인도 각각의 설을 제창했다.

플라톤(BC427-BC347)
'마음과 몸은 분리되어 있다. 죽어도 영혼은 불멸'이라고 하는 심신이원론.

아리스토텔레스(BC384-BC322)
'마음과 몸은 분리할 수 없다. 일원적인 것'이라고 영혼론을 주장했다.

데카르트(1596-1650)

'마음과 몸은 별개의 것(이원론). 그러나 서로 영향을 주고받고 있다'라고 했다.

칸트(1724-1804)

'사람의 인식이란 미리 정립된 사상과 경험으로 구성된다'고 하는 인식론을 제창했다.

헤겔(1770-1831)

'정신적인 것이 세계의 근원. 물질적인 것은 이차적인 것이다'라고 했다.

베이컨(1561-1626)

'마음과 경험에 의해 지식이 기록되어 가는 것'이라고 했다.

로크(1632-1704)

'아기의 마음은 "타불라 라사(깨끗한 석판)" 사람은 경험을 그 위에 기록해 가는 존재'라는 경험심리학을 제창했다.

19세기 들어 독일의 생리학자 페히너와 생리학자 베버가 자연과학에 의해 마음을 해명하려고 시도한다. 당시의 철학적 접근에서 마음의 작용을 보다 과학적으로 실증하려고 하는 흐름이 나타났다. 그리고 드디어 심리학이 '과학적 학문'이 되는 날이 온다.

(각 인물의 프로필은 70쪽 이후)

제
1
장

심리학의 아버지 분트

해설 1879년 라이프치히 대학 철학과 교수 빌헬름 분트(73쪽)가 만든 심리학 실험실은 심리학을 과학적 학문으로 인정받게 한 기반을 마련했다.

사용 설명서 팁 철학적이었던 사람의 마음을 분트가 실증이고 과학적인 학문으로 발전시켰다. 과연 사람의 마음은 수치화할 수 있을까? 한층 더 흥미로운 마음의 연구가 시작됐다.

여러
가지
심리학

사람의 마음은 '과학'이 될 수 있을까?

분트는 심리학을 경험 과학으로 간주했다. 분트는 외부에서 자극을 받으면 사람은 어떤 반응을 보이는가를 정신의 내면을 관찰하는 내관법에 의해 분석, 연구했다. 그리고 사람의 마음은 여러 가지 요소의 집합이라는 결론을 내렸다.

마음은 여러
가지 요소의
집합이다

분트는 복수의 요소로부터 사람의
마음이 생기는 것을 통각(統覺)이라고 했다.

게슈탈트 심리학 등장

20세기 들어 심리학은 더욱 발전해 분트의 개념을 부정하는 게슈탈트 심리학이 등장했다. 게슈탈트란 사물을 부분의 집합이 아닌 전체적인 통합체로 보는 개념이다. 마음의 움직임 역시 복수 요소의 상승효과에 의해 생긴다고 생각했다.

간단히 말하면 사람의 마음은 1+1=2가 아니라 때로는 3이나 4가 되기도 한다. 즉 전체는 부분을 더한 것이라고 단정할 수 없다는 개념이 게슈탈트 심리학이다.

● Knowledge
일본의 도호쿠대학 부속 도서관에는 분트의 장서 일부가 있고, 분트 문고로 분류해서 보관되어 있다. 분트가 집필한 귀중한 문헌이 남아 있다.

제1의 심리학
정신분석

해설 프로이트(96쪽)가 무의식을 발견한 것에서 생겨난 것이 정신분석. 그는 사람의 마음은 의식, 전의식, 무의식으로 나뉜다고 제창했다. 이에 따르면 스스로도 의식할 수 없는 부분이 우리들을 움직이게 하고 있는 것이다.

사용 설명서 팁 사회나 사람을 움직이는 에너지가 사람들의 무의식에서 나온다고 하면, 이 세상에서 일어나고 있는 사건을 바라보는 시각이 바뀐다.

┃ 무의식은 이드, 초자아, 자아로 구성

　　무의식은 이드, 초자아, 자아로 나뉜다. 이드는 본능적인 욕망, 초자아는 양심이라고도 할 수 있는 부분, 자아는 이드와 초자아를 조정하는 역할을 한다. 이 셋이 서로 영향을 주고 받으며 인격을 형성한다.

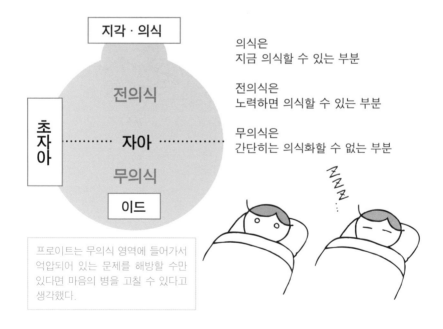

지각 · 의식

전의식

초자아

자아

무의식

이드

의식은
지금 의식할 수 있는 부분

전의식은
노력하면 의식할 수 있는 부분

무의식은
간단히는 의식화할 수 없는 부분

프로이트는 무의식 영역에 들어가서 억압되어 있는 문제를 해방할 수만 있다면 마음의 병을 고칠 수 있다고 생각했다.

전 인류 공통의 무의식

프로이트의 무의식 개념에 영향을 받은 것이 융(96쪽)이다. 융은 프로이트가 무의식은 개인적인 것이라고 생각한 것에 대해, 개인의 체험을 초월하는 인류 공통의 보편적이 무의식이 있다고 생각했다. 융의 설에 따르면 무의식은 '그 사람 고유의 기억이나 경험에 기초한 개인적 무의식', '전 인류 공통의 보편적 무의식'의 2층 구조로 되어 있다.

아버지와 같은 엄격함을 가지고 있는 올드 와이즈 맨(Old Wise Man)은 방황하는 자를 이끌어주는 존재. 물론 여성에게도 있다.

질서를 파괴하고 혼란을 일으키는 트릭스터. 자신 안에 잠재된 '악'이라고도 할 수 있다.

보편적 무의식은 여러 가지 원형(元型)으로 구성된다. 원형에는 어머니와 같이 자신을 감싸는 한편 구속하는 '그레이트 마더'. 아버지와 같이 엄격한 '올드 와이즈 맨'. 억압된 부정의 요소를 갖고 있는 자신의 그림자 '섀도'. 질서를 파괴하려고 하는 어릿광대 '트릭스터' 등이 있다고 한다. 또한 원형을 상징하는 것으로는 아니마, 아니무스가 있다. 아니마는 남성의 무의식적인 여성적 측면, 아니무스는 여성의 무의식적인 남성적 측면이다. 우리들은 마음 속 깊은 곳에 성별을 초월한 인격을 품고 있는 것이다.

· ► Knowledge
사제 관계에 있던 프로이트와 융은 무의식에 대한 개념에 이견은 보이다가 연구 결별한다. 한편 프로이트의 정신분석은 이후 자아심리학, 신프로이트파 등 여러 가지 심리학으로 발전한다.

제
1
장

제2의 심리학
행동주의심리학

해설 20세기 미국에서 태동한 것이 행동주의심리학이다. 심리학자 왓슨(97쪽)이 제창했다. 왓슨은 눈에 보이지 않는 불확실한 것을 연구하는 것이 아니라 객관적인 연구를 통해 심리를 바라봤다.

사용 설명서 팁 외부에서 주어진 자극에 어떤 반응을 보이는가 하는 측면에서 인간의 행동을 생각하기 때문에 사람에게 '동기 부여'를 하고자 할 때 참고가 된다.

여
러
가
지
심
리
학

│ 어린 앨버트 실험

왓슨의 행동주의심리학을 상징하는 것이 어린 앨버트 실험이다. 외부 자극에 대해 어떤 반응을 보이는지 아기를 대상으로 실험을 했다. 또한 왓슨은 이 '자극·반응의 이론'을 이용하면 사람은 어떠한 행동도 가능하게 된다고 했다고.

생후 9개월 된 아기에게 하얀 쥐를 보이면서 동시에 큰 소리를 내는 실험. 아기는 무서워서 울어 버린다.

실험을 반복하면 소리를 내지 않고 하얀 쥐만 보여도, 이윽고 하얀 물건을 보기만 해도 울어 버린다는 사실을 발견했다.

제3의 심리학
인간성 심리학

해설 행동주의심리학과 함께 20세기 미국에서 등장한 인간성 심리학은 심리학자 매슬로(97쪽)가 제창했다. 정신분석도 행동주의도 아닌 인간의 있는 그대로를 이해하려고 생각했다.

사용 설명서 팁 매슬로의 욕구 5단계설은 일뿐 아니라 인생 자체의 동기를 높이고자 할 때도 참고가 되고 도움이 된다.

매슬로의 욕구 5단계설

살아가기 위해 필요한 욕구가 충족됨에 따라 보다 상위 욕구로 단계가 올라간다. 타인에게 인정받고, 자신의 재능을 맘껏 발휘해 자기실현하는 것이 사람의 행복이다. 타인을 인정하고 자신도 인정받는 환경을 만들자.

자기실현 욕구
자신의 능력을 발휘하고 싶다

자존 욕구
타인에게 인정받고 싶다

친화 욕구
타인과 사이좋게 지내고 싶다

안전 욕구
신변의 안전을 지키고 싶다

생리적 욕구
먹고 자고 싶다

기초심리학
생리심리학

해설 인간의 생리적인 활동과 심리적인 현상은 서로 연관이 있다고 보고, 마음을 과학적으로 해명하는 심리학.

사용 설명서 팁 마음을 연구할 때 사람의 생리적인 반응을 단서로 삼는 것이 생리심리학의 핵심 발상이다.

긴장하면 심장이 두근거리고 땀이 난다

사람은 긴장하면 손에 땀이 나거나 배가 아프기도 한다. 거짓말을 하고 있으면 심장이 두근거린다. 생리심리학은 이처럼 다양한 기분의 움직임에 동반하는 생리적인 변화를 측정한다. 마음의 움직임은 심전도나 뇌파, 체온 등으로 파악할 수 있다고 한다. 거짓말 탐지기도 거짓말을 할 때 무의식적인 반응을 기록하는 것으로 생리심리학을 기초로 만들어졌다.

생리심리학을 활용해 신상품을 만들어내는 기업도 있다.

기초심리학
학습심리학

해설 사람은 경험이나 학습에 의해 행동이 변화한다고 생각하고, 그 과정을 연구하는 심리학이다.

사용 설명서 팁 점심식사를 알리는 벨이 울리면 배가 고프고, 퇴근 시간을 알리는 알람이 울리면 귀가하고 싶어진다. 다른 욕구 또한 학습 여하에 의해 변화를 유도하는 것이 가능할지도 모른다.

파블로프의, 사람?

사람도 동물이므로 배가 고프고 졸리는 본능을 거스르지 못할 때가 있다. 반면 '회의 시간에 꾸벅꾸벅 졸 수 없고 졸면 난감한 상황이 된다'고 하는 본능을 다스리는 방법도 알고 있다. 그러나 어떤 신호(알람이나 어떤 한 목소리)에는 어쩔 수 없이 반응하는 경우가 있다. 학습심리학은 바로 그것을 과학한다. 알기 쉬운 예로 자주 거론되는 것이 고전적 조건형성(classical conditioning, 184쪽). 이른바 '파블로프의 개' 이야기이다.

매실장아찌나 레몬을 보면 침이 고이는 것도 다분히 고전적 조건형성에 해당한다.

Knowledge

고전적 조건형성 '파블로프의 개'를 제창한 러시아의 의학자 이반 파블로프(98쪽)는 러시아인 처음으로 노벨 생리학·의학상을 수상했다. 덧붙이며 파블로프의 개는 한 마리가 아니라 여러 마리가 있었다고. 많은 개가 실험을 도와주었기 때문에 가능했던 발견·영예였을지도!?

기초심리학
수리심리학

해설 인간의 마음을 연구·분석하는 데 수학을 이용해 모델화하는 등 수리적 분석 방법을 이용하는 심리학이다.

사용 설명서 팁 사람의 모든 행동을 데이터화해 분석하는 빅데이터는 과연 사람의 마음을 해명할 수 있을까? 수리심리학을 잘 활용하면 '앞으로 어떤 물건이 잘 팔릴지' 또는 '이 사람이 다음은 어떤 행동을 할지'를 알 수 있을지도 모른다.

게임 이론에서 시작하자

게임 이론이란 사람과 사람 사이의 모든 이해관계를 게임이라고 하는 형태로 기술하는 방법이다. '둘 이상의 플레이어'의 의사 결정·행동을 분석하는 이론이다. 게임 이론을 알고 있으면 현재의 상황을 정확하게 이해할 수 있어 미래를 예측하는 힘이 생긴다.

토요일에 출근했으니 다음 주 유급 휴가 써도 되겠습니까?

바보! 다음 주에 중요한 프레젠테이션 있잖아!

상사와 부하의 관계도 이해가 생기므로 게임 이론의 대상이 된다.

죄수의 딜레마

죄수의 딜레마는 게임 이론을 배우는 데 기본이라고도 할 수 있는 게임. 당신과 친구가 강도짓을 하다가 체포되었다고 하자. 경찰은 당신과 친구를 각각 다른 방으로 데리고 가서 다음과 같은 거래를 제안한다. 자, 당신은 어떻게 할 것인가?

① 당신이 자백하고 친구가 침묵하면 당신은 무죄(친구는 징역 3년)
② 당신이 침묵하고 친구가 자백하면 당신은 징역 3년(친구는 무죄)
③ 당신과 친구 둘 다 자백하면 두 사람 모두 징역 2년
④ 당신과 친구가 침묵하면 두 사람 모두 징역 1년

친구(자백 or 침묵)

		침묵	자백
당신(자백 or 침묵)	침묵	-1、-1	-3、0
	자백	0、-3	-2、-2

위의 표처럼 게임의 구조를 시각화한다. 친구가 자백하는 경우 당신이 자백하면 징역 2년, 침묵하면 3년이 된다. 친구가 침묵하는 경우에는 당신이 자백하면 무죄, 침묵하면 징역 1년이 된다. 당신이 선택해야 할 합리적인 행동은 자백이다

기초심리학
사회심리학

해설 사회라는 환경 속에서 개인이나 집단이 어떤 영향을 받고 행동하는가를 연구하는 심리학.

사용 설명서 팁 신호등이 적색 신호일 때 모든 사람이 함께 건너면 무섭지 않은 것처럼 사람은 주위에 크게 영향을 받는다. 가정, 회사, 지역 등 다양한 사회에서 사는 만큼 여러 가지 상황에서 도움이 되는 학문이다.

역시 바람잡이의 힘을 거스를 수 없다

사람은 주위(사회)에 크게 영향을 받는다. 단적인 예로 미국의 사회심리학자 스탠리 밀그램이 실시한 바람잡이 실험이 있다. 미리 준비한 바람잡이들에게 다 같이 빌딩 위를 올려다보게 한 결과, 빌딩을 올려다보는 사람이 두세 명이면 길을 가던 사람 60%가 같은 행동을 했고, 다섯 명 이상이면 80%가 똑같이 빌딩을 올려다봤다고 한다. 사람을 모아야 하는 업종에 종사한다면 바람잡이를 5명 이상 모으는 편이 좋을지도?

바람잡이 두세 명

멈춰 서는 통행인의
비율＝60%

바람잡이 다섯 명 이상

멈춰 서는 통행인의
비율＝80%

기초심리학
지각심리학

해설 인간의 지각에는 시각, 청각, 후각, 미각, 촉각, 평형감각, 시간감각 등이 있다. 이들 지각의 심리적 메커니즘을 연구하는 심리학.

사용 설명서 팁 지각이 예민해지면 세상을 바라보는 시야가 넓어진다. 한편 자신의 지각이 얼마나 무딘지를 깨달으면 세상사에 대한 생각이 겸허해질 것이다.

어둠 속에서 밥을 먹으면 미각은 둔해진다

지각심리학의 연구 대상인 착시에 대해서는 90쪽에서 설명한다. 눈으로 보이는 것과 실제의 차이를 이해한다. 또한 지각을 제한한 공간에서 사람은 어떻게 사물을 느끼는지가 매우 흥미롭다. 깜깜한 어둠 속에서 식사를 하면 무엇을 먹고 있는지 알 수 없다고 한다. 시각이 있어야 비로소 사람은 맛을 느낄 수 있다는 것을 알 수 있다.

어둠 속에서 '무엇이 빛나고 있다', '무엇인가 있다'고 느끼는 것은 감각이고, '이것은 밥이다', '아, 돼지고기다!' 등 어떠한 음식인지 알았을 때 그것은 지각이 된다.

제1장

기초심리학
인격심리학

해설 인간의 인격이나 성격을 연구하는 심리학. 여러 가지 검사를 통해 인격, 성격을 연구한다.

사용 설명서 팁 자신도 알지 못하는 인격, 성격을 알 수 있는 실마리를 얻을 수 있다. 실험, 관찰, 검사, 조사 등의 방법으로 사람의 마음을 이해할 수 있다.

객관적으로 자신이나 상대방을 알려면?

성격을 알기 위해서는 면접이나 관찰 등의 방법과 성격 테스트라고 하는 방법이 있다. 테스트에는 질문지법, 투영법, 작업검사법 등이 있다.

여러 가지 심리학

관찰법에는 연구하고 싶은 장소로 가서 관찰하는 자연관찰법과 어느 정도 조건을 갖추고 관찰하는 실험관찰법이 있다.

일반적으로 실시하고 있는 질문지법이 YG 테스트(112쪽). 질문에 대해 '예, 아니오, 어느 쪽도 아니다' 중에서 하나를 선택하는 방법. 성격의 특성을 파악할 수 있다.

기초심리학
인지심리학

해설 인간의 마음을 컴퓨터와 같다고 간주하고, 어떠한 입력(자극)이 있을 때 어떠한 출력(반응)이 있는지를 실험을 통해 밝히는 심리학.

사용 설명서 팁 인지심리학은 1950년대에 태동한 비교적 새로운 심리학이다. 당시의 비과학적 심리학에서 일전해 사람의 문제 해결 과정을 뇌=하드웨어, 마음=소프트웨어의 관계로 설명할 수 있게 했다.

| 인공지능은 인간을 능가하는가?

인공지능이 인간을 능가하는 기술적 특이점(싱귤래리티)이 2045년에 도래한다고 한다. 실제로 2016년 3월 바둑 인공지능 알파고가 당시 세계 최강의 기사로 인정받는 한국의 기사를 상대로 승리했다. 또한 인공지능의 대두로 많은 직업이 사라질 것이라고도 한다. 우리들은 미래에 적응해야 할 것이다.

어어어 . . .

> 인공지능에 감성을 갖게 하는 연구도 진행되고 있다. 판도라의 상자가 열린다!?

기초심리학
발달심리학

> **해설** 인간의 탄생, 성장, 노령, 죽음까지 '발달'의 변화를 연구하는 심리학. 요람에서 무덤까지, 사람의 마음을 파악한다.

> **사용 설명서 팁** 발달심리학에서는 아기에서 어른이 될 때까지를 발달이라고 생각하는 게 아니라, 사람은 죽을 때까지 발달한다고 생각한다. 몸은 쇠퇴하지만 마음은 죽을 때까지 발달하는 것이다.

성적 발달과 사회적 발달

사람의 발달에 대해 프로이트는 성적(性的) 본능에 착안했다. 한편 미국의 심리학자 에릭슨(242쪽)은 사회와의 관계로부터 사람의 발달을 연구하고 심리사회적 발달 이론을 제창했다.

★ 유아기(0~1세) 신뢰감 vs 불신감
모친과의 관계에서 타인을 신뢰할 수 있다고 실감한다.

★ 유아 전기(1~3세) 자율성 vs 수치감
배설 행위로부터 자신의 생활을 컨트롤하는 것을 안다.

★ 유아 후기(3~6세) 주도성 vs 죄책감
어른과 같이 행동하려는 자주성이 커진다.

★ 아동기(6~12세) 근면성 vs 열등감
학교라고 하는 환경에서 노력, 성취감을 얻는다.

에릭슨의 발달 이론

에릭슨은 인생을 유아기, 유아 전기, 유아 후기, 아동기, 청년기, 성인 전기, 성인 후기, 고령기의 8단계로 나누고, 각 단계마다 극복해야 할 과제가 있다고 했다. 각 단계에 적응하지 못하면 마음의 불안감은 커질지도 모른다. 당신 자신이나 아이, 부모가 지금 어떠한 문제에 직면해 있는지 참고하기 바란다.

한편, 라이프 스타일이 변화하면서 에릭슨의 발달 이론은 현대 사회의 시간과 가치관에 어긋나는 현상이 발생하고 있다. 세상의 변화에 발맞춰 발달 과제를 마주대할 필요가 있다.

프로이트도 에릭슨도 공통적으로 유아기의 모친과의 애착 관계가 사람의 발달 과정에서 중요하다고 제창했다. 해리 할로(242쪽)의 설과 함께 읽으면 이해가 깊어질 것이다.

★ 청년기(12~20대 중반) 자아 정체성 vs 역할 혼돈
자아 정체성(아이덴티티)을 확립, 자기만의 삶의 방식을 확립한다.

★ 성인 전기(20대 후반~30대 중반) 친밀감 vs 고립감
파트너와 관계를 가지려고 하는 시기이다.

★ 성인 후기(30대 후반~60대 중반) 생산성 vs 침체감
아이나 부하를 키움으로써 자기를 극복한다.

★ 노년기 자아 통합감 vs 절망감
인생을 돌이켜 보고 받아들인다.

기초심리학
감정심리학

해설 사람의 감정이나 정동을 해명하는 심리학. 인간 특유의 감정과 동물도 지니고 있는 원시적인 정동을 연구한다.

사용 설명서 팁 사람의 희노애락이 어디에서 생겨나는지를 알면 여러 가지 상황에 적절하게 대응할 수 있을 것이다.

사람의 감정은 어디에서 생겨나는 걸까?

동물의 본능에 가까운 정동은 대뇌 안에 있는 대뇌 변연계가 담당한다. 한편 인간적인 감정은 대뇌를 덮고 있는 대뇌 피질이 담당한다. 대뇌 신피질은 포유류에만 있는 뇌의 영역으로 알려져 있으며, 인간은 특히 발달되어 있다.

★ 감정

사람을 동정하거나 옛일을 그리워하고 안타까워 참을 수 없는 등 인간 특유의 복잡한 기분. 비교적 지속되는 특징이 있으므로 두고두고 고민하게 될 것이다.

★ 정동

무섭다! 맛있겠다! 화난다! 등 동물도 지니고 있는 원시적인 감정. 갑자기 생겼다가 단시간에 사라지는 특징이 있다. 화가 머리끝까지 치밀 때는 '3초간 참아라'라고 하는 데는 이러한 이유가 있다.

Knowledge

영어로는 감정을 feeling 또는 affection이라고 한다. feeling의 어원은 '만져 느끼다'이다. 한편 정동은 emotion. 어원은 '흔들어 움직이다'.

기초심리학
언어심리학

해설 사람이 언어를 습득하는 과정이나 언어와 심리의 관계를 연구하는 심리학. 언어 자체가 아니라 사용하는 사람의 행동과 언어 사이의 관계를 규명한다.

사용 설명서 팁 언어를 배우는 단계에서 어떤 식으로 성장·발달하고 장애가 생기는 지를 알면 자신이나 타인에 대한 이해가 깊어질 것이다.

❘ 난독증(디스렉시아)을 안다

학습장애(272쪽)의 일종으로, 지적 능력에 이상이 없음에도 불구하고 문자를 읽고 쓰는 데 어려움이 있는 장애. 문자가 거꾸로 기억되는 등 뇌의 정보 처리에 일종의 장애가 발생한 것이라고 한다. 학습장애는 언어심리학 뿐만 아니라 발달심리학과도 관계가 깊은 만큼 이런 장애가 존재하는 것을 이해하고 대처하기 바란다.

여러 가지 심리학

난독 경향이 있지만 귀로 들어오는 음성을 기억하는 능력은 일반인보다 뛰어난 경우도 있다.

기초심리학
감각심리학

해설 피부나 눈 등의 수용기로 받아들인 자극이 전기 신호가 되어 뇌나 신경으로 전달된다. 그때 일어나는 의식이나 현상을 감각이라고 한다. 감각심리학에서는 이들 현상을 실험에 의해 해명한다.

사용 설명서 팁 감각과 지각의 차이를 이해하자. 사람의 어느 부위에 감각을 느끼는 수용기가 집중되어 있는지를 '감각 호문쿨루스'로 이해하면 재미있다.

감각 호문쿨루스

감각이란 몸의 모든 기관에서 정보가 뇌에 전달되어 느끼는 것이고 지각이란 '그것이 무엇인지'를 아는 것, 그 차이가 있다. 캐나다의 신경외과 의사인 와일더 펜필드(Wilder Penfield, 1891~1976)는 정보를 받아들이는 대뇌의 체성 감각 영역이 몸의 어느 부위에 대응하고 있는지를 연구했다. 그것을 형태로 만든 것이 감각 호문쿨루스다.

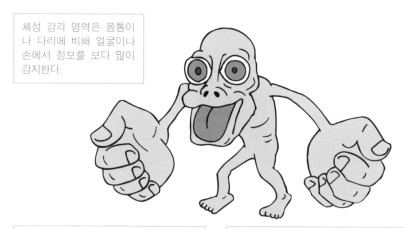

체성 감각 영역은 몸통이나 다리에 비해 얼굴이나 손에서 정보를 보다 많이 감지한다.

손이 압도적으로 큰 것에서 사람은 얼마나 많은 정보를 손에서 얻고 있는지를 알 수 있다.

미각은 민감하다. 그렇기 때문에 혀도 두껍다. 혀의 감각은 뇌에 많이 전해진다.

기초심리학
생태심리학

> **해설** 현실 사회에서 인간의 생태와 마음의 상태가 어떤 관계에 있는지를 연구하는 심리학. 어포던스 이론(95쪽)을 제창한 미국의 심리학자 제임스 깁슨(213쪽 참조)이 개척한 분야이다.

> **사용 설명서 팁** 일상생활에서 그 물건이 어떤 행동을 유도하는가에 착안하기 위한 보다 실천적인 학문. 상품 개발 등 새로운 물건을 만들 때 도움이 된다.

어포던스 이론이란

어포드란 '주다, 제공하다'라는 의미의 동사로, 어포던스는 어포드에서 파생된 명사이다. 깁슨은 '환경이 그 사람에게 부여하는 것이다'라고 정의하고 어포던스를 연구하는 것이 생태심리학의 과제라고 했다. 예를 들면 의자가 앞에 놓여 있을 때 '이 의자가 어떠한 가치 정보(앉을 수 있다)를 사람에게 부여하고 있는지'를 아는 것이라고 주장했다.

기발한 디자인의 의자가 있다고 하자. '앉는 것'인지 아니면 '위에 올라서는 것'인지를 눈으로 봐서 알 수 없다면 사람은 혼란스러워진다.

기초심리학
계량심리학

해설 사람의 마음을 측정하여 수치화하는 심리학. 수리심리학에 내포되는 심리학이라고도 한다. 실험이나 테스트 결과를 수학과 통계학을 이용해서 마음의 데이터를 수집·분석한다.

사용 설명서 팁 주관적인 사람의 마음을 가급적 객관적인 데이터로 해석하므로 많은 분야에서 기초 이론으로 응용이 가능하다.

| 에빙하우스 망각 곡선

여
러
가
지
심
리
학

　독일의 심리학자 헤르만 에빙하우스(99쪽)는 실험을 통해 사람의 기억에 관한 데이터를 취득했다. 무의미한 문자열을 암기시키고(원학습) 일정 시간 후에 재학습시킨 경우 어느 정도의 내용을 잊어버리게 될까? 실험 결과 20분 후에 42%, 1시간 후에 56%, 1일 후에는 74%를 잊어버린다고 한다. 이 곡선을 에빙하우스 망각 곡선이라고 부른다.

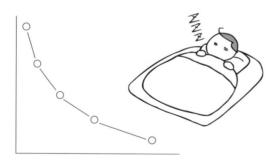

여러 가지 기억술에 대해서는 176쪽에서 소개했으므로 참고하기 바란다.

Knowledge

피험자에게 무의미한 철자를 암기시키고, 즉시 수면을 취하게 한 경우와 그렇지 않은 경우 수면을 취한 그룹의 기억이 더 확실하다는 실험 결과도 있다. 시험 전날 밤을 새는 일은 효과가 없을 수 있다.

응용심리학
임상심리학

해설 사람의 심리적 장애나 사회 부적응 문제를 심리학 지식이나 기술을 기초로 조언하여 해결하는 것을 목적으로 하는 실천적 심리학.

사용 설명서 팁 마음의 병은 물론 평소 스트레스 등으로 어려움을 겪고 있는 사람들에게 도움이 된다. 지금부터 소개할 여러 가지 심리치료와 접근법을 알아두기 바란다.

전쟁과 함께 발전한 임상심리학

임상심리학은 미국에서 발전하는 학문 분야이다. 제1차 세계대전 당시 부상자의 마음을 위로하기 위해 발달한 배경을 갖고 있다. 전쟁뿐만 아니라 스트레스 많은 현대 사회에서 마음을 다친 사람들을 위해 임상심리학이 도움이 되고 있다.

제7장에서 더 많은 심리치료를 해설하므로 참고하기 바란다.

Knowledge

임상심리학이라는 분야가 시작된 것은 1896년 펜실베이니아 대학의 데니스 위트머가 심리상담소의 중요성을 미국 심리학회에 주장한 것에서 시작됐다고 한다.

응용심리학
문화심리학

해설 문화와 마음의 관계에 초점을 두는 심리학. 비교문화심리학과 인류학에서 파생한 학문이다. 인류 보편의 마음이 있는 한편 문화에 의해 영향 받는 마음을 연구한다.

사용 설명서 팁 사람의 마음이나 행동의 대부분은 역사적·문화적 문맥 속에서 형성된다. 서로를 이해하기 위해서는 상대방의 국가에 대해 아는 것이 중요하다.

문화에 의해 사람의 심리를 알 수 있나?

민족성을 풍자한 '침몰선 조크'를 알고 있는가. 세계 각국의 사람들이 탄 배가 침몰하고 있다. 탈출 보트가 부족하므로 승객을 바다에 뛰어들도록 해야 한다. 자, 뭐라고 말하면 그들은 바다로 뛰어들까…?

민족성을 풍자한 조크

독일인에게는
'선장의 명령입니다'

미국인에게는
'자기희생의 정신을
기대하고 있습니다'

영국인에게는
'당신을 신사라고 생
각하십시오'

일본인에게는
'모두 뛰어들고 있습
니다'

응용심리학
장애인심리학

해설 여러 가지 장애를 가진 사람들에 대한 이해를 깊이 하고 지원하기 위한 심리학. 장애인의 개성과 가능성을 넓히도록 대응한다.

사용 설명서 팁 시각장애, 청각장애, 지적장애나 신체장애 등 장애에는 여러 종류가 있다. 그들에게 어떻게 접근하면 좋을지 그 팁을 얻는다.

다양성을 인정하는 사회와 교육을 지향한다

1994년 유네스코가 실시한 '살라망카 선언'에서는 교육은 '장애아를 포함하는 모든 어린이들의 기본적 권리'라고 했다. 이를 실천하기 위한 교육을 인클루시브(모든 사람이 배제되지 않도록 지원한다) 교육이라고 해서 권장하고 있다.

> 일본에서는 종업원 50 명 이상인 기업은 장애인을 고용할 의무가 있다.

* 우리나라도 국가 및 지방자치단체의 장은 장애인을 소속 공무원 정원의 3.4% 비율로 고용해야 하고, 상시 50 인 이상의 민간 기업은 3.1% 이상을 장애인으로 고용해야 한다

응용심리학
환경심리학

해설 환경은 사람의 '배경'이 아니라 사람과 환경은 '하나의 결합'이라고 생각하는 심리학. 환경의 변화가 사람에게 어떻게 영향을 미치는지를 연구한다.

사용 설명서 팁 자신이나 상대를 변화시키기 위해서는 그 '사람'이 아닌 '환경'을 바꾸면 된다는 관점을 이해한다.

뉴욕의 범죄를 격감시킨 방법

범죄학자 등이 제창한 깨친 유리창 이론(202쪽)은 깨진 유리창 하나를 방치하면 법과 질서가 지켜지지 않고 있다는 메시지로 읽혀서 다른 유리창도 깨져 치안이 악화된다고 하는 이론이다. 살인 등의 중범죄가 빈발하던 1980년대 후반 뉴욕에서 행정기관이 '낙서 없애기 작전'을 실시하여 생활환경을 정비하고 경미한 범죄부터 단속하자 중범죄도 격감했다.

어떤 작가가 아무것도 쓸 수 없는 상황에 빠졌을 때, 주변을 청소한 결과 슬럼프에서 벗어났다고 한다. 환경을 정비하는 것은 중요하다.

응용심리학
교육심리학

해설 인간이 어떻게 배우고 성장해가는지를 연구하는 심리학. 특히 교육 현장에서 일어나는 여러 가지 문제에 대한 해결의 실마리를 제공하는 학문이다.

사용 설명서 팁 사람은 태어나면서부터 죽을 때까지 학습한다. 교육에 대해 어떠한 이론과 실천이 있는지를 알고, 우리 아이들이나 자신의 배움에 참고하기 바란다.

다방면에 걸친 교육심리학

교육에는 학교나 가정, 사회 등 여러 가지가 있다. 다양한 각도에서 어린이들의 발달을 지원할 필요가 있는 점에서 발달심리학, 학습심리학 등 다른 심리학과도 관련이 깊다. 여기에서는 교육심리학에서 다루는 4분야를 소개한다.

여 러 가 지 심 리 학

1. 성장과 발달
아이들의 성장과 발달 과정에서 나타나는 심리학적 특징을 밝혀 원활한 학습 지도나 교육을 지원한다.

2. 학습과 학습 지도
학습과 지도 방법을 연구해 교육법, 교재 등의 효과를 높인다.

3. 인격과 적응
이른바 학교의 레일에서 탈락한 아이들을 대상으로 원인 규명과 지원 방법을 연구한다.

4. 측정과 평가
테스트 등 지능이나 인격을 평가하는 방법을 연구한다.

응용심리학
산업심리학

해설 회사나 일 등 산업 활동에 따른 사람의 심리를 연구해 비즈니스에 활용하는 심리학. 직장에서 겪는 인간관계나 스트레스 등을 테마로 한다.

사용 설명서 팁 직장의 인간관계나 시장의 마케팅에 활용할 수 있다.

직장에서 나누는 잡담도 이점이 있다?

잡담이라는 말을 들으면 '일손을 멈춘다'고 생각하기 쉽다. 그러나 잡담할 수 있는 분위기에서 일하는 조직의 생산성이 높다는 연구 결과도 있다. 재택근무를 도입하는 등 기업은 여러 가지 방식으로 대응하고 있으며, 그들이 적절한 연구 재료가 되고 있다.

> 사무실이나 책상이 없는 '노마드' 방식의 근무 형태도 증가하고 있다. 개호이직* 등의 사회 문제도 있어 유연한 근무 형태가 요구된다.

* 일본에서 늙은 부모의 병수발을 들기 위해 중년의 직장인이 회사를 그만두는 사회현상을 말한다 .

응용심리학
범죄심리학

해설 범죄자의 심리나 성격, 재판 과정에서의 심리, 범죄자의 교정 또는 범죄 예방에 도움이 되는 심리학.

사용 설명서 팁 뉴스를 보다 보면 믿을 수 없는 사건이나 범인을 접하게 된다. 상상을 초월한 범죄에 대한 지식을 얻어 대책을 세울 수 있다.

┃ 가해자뿐 아니라 피해자의 심리에도 눈을 돌린다

　군중심리가 작용해서인지 기업의 조직적 범죄나 흉악한 사건이 일어나면 매스컴이나 대중은 일제히 가해자(혹은 당사자)를 비난하기 마련이다. 그중에는 피해자의 심리적 변화에 주목하여 대응하는 것이 요구되는 경우도 있을 것이다.

사람은 죄를 용서받으면
죄의식을 느낀다고 한다.

응용심리학
학교심리학

해설 교육 현장에서 일어나는 문제의 해결, 학생에 대한 지원, 서비스에 대해 연구하고 실천하는 학문이다.

사용 설명서 팁 가르치는 교사도, 교육을 받는 아동·학생 또는 보호자도 '무슨 문제가 일어났을 때'에 대응할 수 있는 팁을 얻을 수 있다.

집단 괴롭힘이나 괴물 학부모(몬스터 페어런츠)는 왜 생기는가?

현행 교육 방식이 문제의 온상이니, 교사에 대한 존경심이 희박한 연령대가 부모 세대가 됐기 때문이라느니, 교육도 서비스로 인식하는 소비자 의식이 원인이라느니 등 여러 가지 의견이 있다.

아이의 부모를 '몬스터' 취급하는 매스컴과 교육 현장에 문제가 있다는 의견도 있다.

학교에 잘 적응하던 아이가 집단 괴롭힘으로 '학교 부적응' 상태가 되지 않게 케어가 필요하다.

응용심리학
커뮤니티 심리학

해설 회사, 학교, 지역사회 등의 커뮤니티와 개인 간에 관계가 생겨날 때 생기는 심리를 연구, 응용하는 학문이다. 임상심리학의 한 종류이다.

사용 설명서 팁 환경에 대한 부적응을 방지하기 위한 지식을 습득한다. 타인과 관련된 모든 상황에 도움이 된다.

각자가 각각의 장소에서 다른 얼굴을 갖는다

가정에서는 아버지, 어머니의 얼굴을 하고 회사에서는 위치에 맞게 다른 얼굴을 하는 등 사람은 사회의 복잡한 인간관계 속에서 살아간다. 이 사람은 어떤 배경을 가지고 있을까? 타인에 대해 흥미를 가지고 상상하고, 상대의 입장에서 생각할 수 있게 되면 커뮤니티에서 생기는 '부적응'은 줄 것이다.

사람은 그때그때의 상황에 따라 가면(페르소나)을 쓰고 살아간다.

응용심리학
법심리학

해설 법학과 심리학을 함께 연구하는 학문. 자백이나 목격 증언을 할 때의 심리 상태 등 특히 재판에 관련된 원고·피고, 판사, 변호사, 증인 등의 심리 상태를 연구한다.

사용 설명서 팁 배심원 제도에 의해 일반인도 사람을 재판하는 입장이 됐다. 재판에 관련된 모든 관계자의 심리를 알아야 원죄나 이차적인 범죄를 방지할 수 있다.

그래도 나는 하지 않았다

치한 원죄 사건을 그린 제목의 영화를 기초로 심리학적 연구를 한 사례가 있다. 그에 의하면 판사는 '피의자가 범인일 것이다'라는 선입견이 있기 때문에 입증하기 쉬운 증언을 우선하는 성향이 있고, 피해자는 자신이 잘못된 증언을 하면 터무니없는 누명을 피의자에게 씌우게 되기 때문에 그것을 인정하고 싶지 않은 심리가 작용해 강한 어투로 진술하는 경우가 있다고 한다.

피해자의 기분이 두 가지 인지 사이에서 흔들리고 타협되지 않을 때, 심리학에서는 인지적 불협화라고 부른다.

응용심리학
재해심리학

해설 지진이나 해일 등의 자연재해(천재지변)나 교통사고, 철도사고 등의 인위적 재해(인재)를 당한 사람의 심리를 연구한다. 또한 재해에 의한 PTSD(외상 후 스트레스 장애. 270쪽) 등의 후유증에 대처한다.

사용 설명서 팁 세계적으로 자연재해가 끊이지 않는 현대 사회에서 재해심리학의 역할은 한층 중요해질 것이다. 마음에 상처를 안고 살아가는 사람들을 어떻게 케어하면 좋을지 팁을 얻을 수 있다.

다가간다, 안다, 이야기를 듣는다

재해로 인해 비일상에 내몰린 사람들에 대한 최우선 대처는 가급적 옆에 있어 주는 것이다. 시간이 지남에 따라 경험을 함께한 사람들끼리만 마음이 통한다고 생각해서 마음을 닫아 버리는 경향이 있기 때문이다. 그리고 옆에 있어 준다면 상대를 이해하기 위해 노력하고 이야기를 들을 것. 상대는 이야기를 함으로써 스트레스가 경감된다.

재해 시에는 이재민을 돌보는 사람들에게도 눈을 돌리자. 자신의 일은 뒷전으로 미루고 열심히 나서는 사람이 많기 때문이다.

응용심리학
가족심리학

해설 가족관계를 연구하는 심리학. 대가족에서 핵가족으로 가족 구성이 크게 변화한 현대 사회에서 발생하는 가족의 문제 해결을 위한 심리학적 제반 현상을 연구한다.

사용 설명서 팁 가족 간의 거리는 물론 지연·학연의 의미가 옅어지면서 가족의 고립화가 진행되고 있다. 지금 시점에서 가족의 모습을 생각할 때 참고가 된다.

가족의 쇠퇴

일본 후생노동성의 조사(2014년 공표)에 의하면 일본의 세대 수는 5,011만 2,000세대로 증가 추세이다. 평균 세대원은 2.51명으로(1953년에는 5명) 단독 세대, 핵가족이 증가하고 있다. 아이들이 혼자 식사하거나 고령자의 고독사 등 현대병이라고도 할 수 있는 가족 문제는 앞으로 더욱 심각해질 것이다.

조부모에게 육아의 일부를 맡길 수 없는 육아 세대의 증가가 보육기관 부족 문제로 이어진다고도 할 수 있다.

응용심리학
건강심리학

해설 마음의 건강뿐만 아니라 신체적, 사회적 건강을 지향하는 심리학. 그런 만큼 의료, 간호, 교육, 스포츠, 영양 등 다양한 영역이 관련되어 있다.

사용 설명서 팁 스트레스에 대처하거나 사회 부적응을 극복하기 위해서는 생활 습관을 바꾸는 것이 효과적이다.

우울증에 대한 조깅의 효과

우울증의 개선에는 세로토닌의 분비를 촉진하면 효과가 있다. 세로토닌은 햇볕을 쐬는 외에 근력 트레이닝이나 조깅 등의 운동을 해도 뇌가 자극을 받아 분비된다. 실제로 유산소 운동이 우울증 개선에 효과가 있고 정기적으로 운동을 하는 사람이 우울증이 발병할 확률이 낮다는 연구 결과도 다수 발표됐다.

> 그 효과와 가능성에서 일본의 의과 대학에서는 강의 과목으로 건강심리학을 신설하는 곳이 증가하고 있다.

응용심리학
스포츠 심리학

해설 운동선수의 행동과 심리를 연구한다. 시합이나 연습에 대한 동기 부여, 시합 전의 불안이나 긴장을 완화하는 방법 등을 해명한다.

사용 설명서 팁 톱 애슬리트*의 심리 트레이닝이나 실천 행동은 일반인의 생활이나 비즈니스에도 참고가 된다. 최상의 힘을 발휘하기 위해 압박감을 이겨내는 방법을 배우기 바란다.

자신의 존을 안다

톱 애슬리트가 말하는 '존'은 극도의 집중 상태가 되어 경기에 몰두하는 감각을 말한다. 그것을 이끌어내기 위한 훈련의 하나가 이미지 트레이닝이다. 자신이 가장 좋은 상태에 있었을 때를 되돌아보고 일기 등에 기록함으로써 언제 자신의 컨디션이 최고조가 되는지를 알면 좋다.

그때 경기는 최고였지…

일도 확실하게! 오늘을 되돌아보는 습관이 내일 일의 성과로 이어진다.

*톱 애슬리트(top athlete) : 올림픽 출전 레벨의 선수를 말한다.

응용심리학
교통심리학

[해설] 운전자, 보행자 등의 행동·심리 특성을 연구해 사고나 트러블을 방지한다. 자동차 외에도 선박, 철도, 항공기 등도 연구 대상이 된다.

[사용 설명서 팁] 철도, 항공기의 대형 사고나 일상에서 일어나는 교통사고 등의 대책·예방에 도움이 된다. 가해자도 피해자도 되지 않기 위한 팁을 얻을 수 있다.

교통사고를 일으키기 쉬운 사람의 특성

『교통심리학이 가르치는 사고를 일으키지 않는 20가지 방법』(나가츠카 야스히로(長塚 康弘) 저)에 의하면 교통사고를 자주 일으키는 사람의 특성에는 ① 어설프다 ② 예측 능력이 떨어진다 ③ 곧바로 화를 낸다 ④ 자기본위적이다의 4유형이 있다고 한다. 이 가운데 하나라도 해당하는 사람은 주의가 요망된다.

고령 운전자가 일으키는 교통사고가 사회문제가 되고 있다. 심리학뿐만 아니라 다른 방법까지 아우른 대처·예방이 시급하다.

응용심리학
종교심리학

해설 종교적인 현상을 심리학적 측면에서 연구하는 학문이다.

사용 설명서 팁 평소 종교를 의식하지 않는 사람이라도 다른 나라 사람과 관계할 때는 서로의 종교를 이해해야 원활한 커뮤니케이션에 도움이 된다.

사람은 왜 종교를 믿는가?

'계율에 따르면 사후에 행복이 보장된다', '마음의 평안을 얻기 위해', '태어났기 때문에 당연하다' 등 종교를 믿는 이유는 여러 가지일 것이다. 종교를 믿는 데는 이유가 없을지도 모른다. 인도에서는 최첨단 과학을 연구하는 과학자가 갠지스강에서 목욕을 한다. 과학자 입장에서 보면 갠지스강은 공장 배수 등으로 오염된 강. 그러나 힌두교인에게는 최고로 성스러운 강. 둘 모두 맞는 얘기이다.

갠지스강은 힌두교도의 성지

목욕을 하면 영혼과 육체가 정화된다.

응용심리학
예술심리학

해설 예술 작품, 예술 활동, 예술가 등을 포함해 폭넓게 예술을 분석, 연구하는 심리학이다.

사용 설명서 팁 천재들이 뼈를 깎는 고통을 참아내며 작품을 만드는 한편, 그림을 그리고 조각을 마주하는 등의 예술 활동에는 사람의 마음을 위로하는 측면이 있다는 것을 이해하자.

예술적 재능은 '악마에게 혼을 파는' 보상인가?

괴테의 희곡 파우스트에도 나오는 말인데, 천재라고 불리는 예술가들 중에는 조현병이나 조울증 등의 정신장애를 갖고 있는 사람도 있다.

어느 예술가는 어릴 적부터 조현병에 의한 환각과 환청에 시달리자 그것을 작품으로 표현했다. 물방울 무늬는 그녀의 작품을 상징하는 대표적인 모티브가 됐다.

응용심리학
자기심리학

[해설] 오스트리아 출신의 정신과 의사 하인츠 코헛(99쪽)이 제창한 심리학. 건전한 자기애를 연구, 분석하는 학문이다.

[사용 설명서 팁] 건전한 자기(自己)는 야심, 재능·기능, 이상의 균형에 의해서 유지된다. 이 균형이 무너지면 마음의 병이 생긴다.

자기애성 성격장애에 조심

　코헛은 자기애성 성격장애(263쪽)를 연구하는 과정에서 자기심리학을 발견했다. 자기애성 성격장애란 있는 그대로의 자신을 사랑하지 못하고 자신은 위대한 존재라고 믿는 장애를 말한다.

다른 사람에게 공감할 수 있고, 사람의 기분을 이해할 수 있도록 치료가 필요하다.

응용심리학
의료심리학

해설 임상심리학에 비해 보다 실천적으로 의료 기술을 도입한 심리학이다.

사용 설명서 팁 마음의 병뿐 아니라 신체적 질병으로 고민하는 사람들을 대하는 방법, 관계를 맺는 방법의 팁을 얻을 수 있다.

환자의 마음에 다가가 치유력을 이끌어낸다

의료심리학에서는 주로 의료 현장에서 필요한 실천 지식을 익힌다. 환자의 심리와 스트레스 매니지먼트, 멘탈 헬스 등을 배우고 치료 동기를 높인다.

옆에서 돌봐주는 사람의 케어에도 주의를 기울인다.

심리학의 확장 영역
성심리학

해설 인간의 성에 대해 심리학과 정신의학적 견지에서 연구하는 학문이다. 성행동이나 성동일성장애 등의 문제로 인한 부적응에 대처한다.

사용 설명서 팁 성의 다양성을 인정하고 많은 사람이 살아가기 쉬운 세상을 만들기 위한 이해를 깊이 한다.

LGBT를 바라보는 사회의 변화

LGBT는 레즈비언(L), 게이(G), 양성애를 뜻하는 바이섹슈얼(B), 마음과 몸의 성이 일치하지 않는 트랜스젠더(T)를 총칭하는 말이다. 일본의 한 조사기관의 2015년 조사에 따르면 일본 전체 인구의 7.6%가 LGBT라고 한다. 유명 프로 운동선수와 세계 유수의 CEO가 자신이 동성애자임을 커밍아웃하는 사례도 늘고 있다.

유럽과 미국을 중심으로 동성혼을 인정하는 법률이 제정되고 일본에서도 시부야구와 세타가야구에서 동성 파트너를 인정하고 있다.

심리학의 확장 영역
정치심리학

해설 선거와 여론 조작, 외교 등의 정치 활동에서 위정자와 대중의 심리를 연구, 분석하는 학문 분야이다.

사용 설명서 팁 정부, 매스컴 등 권력기관이 흘리는 정보의 활용 능력을 높인다.

집단 심리와 제일성(齊一性) 원리

집단 심리란 사회를 구성하는 집단이 특정 시류에 따라 휘둘리는 것을 말한다. 집단 심리가 생겨나는 원인 중 하나가 가상적(假想敵)이다. 자신이 소속된 집단에서 적대하는 세력이 출현했을 때 사람은 쉽게 통합한다. 제일성 원리란 어느 집단이 이론과 반론 등을 허용하지 않게 돼 특정 방향으로 나아가는 것. 만장일치로 의사 결정했을 때 일어나기 쉽다. 사람이 집단을 이루었을 때 보이는 심리에는 주의가 필요하다.

권위를 좋아하고 진실을 추구하고 싶어 하는 사람의 성질을 이용해서 대중을 조작하는 경우도 있다.

와 와와

굉장한
지지율이구나
……

제
1
장

심리학의 확장 영역
경제심리학

> 해설 경제 활동의 심리학적 측면을 연구, 분석하는 학문. 행동경제학과 아울러 인간의 경제 활동에서 어떤 심리가 작용하고 어떤 행동이 유발되는지를 연구한다.

> 사용 설명서 팁 사람의 경제 활동 심리를 알면 시장을 통제할 수 있다!?

여
러
가
지
심
리
학

프로스펙트 이론

프로스펙트 이론은 노벨 경제학상을 수상한 미국의 심리학자이자 행동경제학자 대니얼 카너먼(Daniel Kahneman, 1934~)이 제창한 의사 결정 이론. 아래와 같은 실험으로 설명할 수 있다.

Q1. 아래의 조건으로 당신에게 돈을 주겠다.

① 무조건 100만 원
② 동전을 던져 앞면이 나오면 200만 원, 뒷면이 나오면 0원

Q2. 아래의 조건으로 돈을 주겠다. 단 당신은 200만 원의 빚을 지고 있다.

① 무조건 빚 100만 원 감액
② 동전을 던져 앞면이 나오면 빚 차감, 뒷면이 나오면 빚 200만 원은 그대로

Q1의 경우 대부분의 사람이 안전하게 ①을 선택한다. 그것이 Q2인 경우 ①이라면 확실하게 빚을 줄일 수 있음에도 불구하고 대다수의 사람이 내기 본능이 발동하여 ②를 선택한다고 한다. 사람은 '이익을 손에 넣을 때는 손에 들어오지 않을 리스크를 회피하고 손실을 눈앞에 두고 있으면 그것을 회피하고자 하는 경향이 있다'고 한다. 사람은 이익보다 손실에 민감한 것이다. 이것을 손실회피의 법칙이라고 한다.

사람의 마음을 사로잡아 비즈니스의 달인이 되자

경제심리학(≒행동경제학)적 시점에서 제창되고 있는 마케팅 이론을 소개한다. 아래의 4가지 효과를 알아두면 일을 할 때 도움이 된다.

✳ 프레이밍 효과

사물의 어느 부분(프레임)을 기준으로 하는가에 따라 사람의 판단을 바꿀 수 있다. 예를 들어 '100명 중 90명이 성공했다'와 '100명 중 10명이 실패했다'는 같은 결과이지만 느낌이 다르다. 부정적인 말이 아니라 긍정적인 말에 사람은 끌리기 마련이다.

✳ 폰 레스토르프 효과

독일의 심리학자 폰 레스토르프가 제창했다. 사람은 기호에 상관없이 그 자리에 어울리지 않아 눈에 띄는 것일수록 잘 기억한다고 한다. 고립효과라고도 하며 품질에 관계없이 주위로부터 '튐'으로써 깊은 인상을 남길 수 있다. 처음에는 좋지만 긴 교제가 가능할지는 확실치 않다.

✳ 앵커링 효과

무언가를 판단할 때 사람은 최초에 제시된 것과 특징적인 것의 정보에 영향을 받는다. '7만 원 하던 것이 특별가격 4만 5,000원, 그것도 오늘 한정 3만 원에 판매한다!'는 통신판매에 자주 이용되는 문구는 바로 앵커링 효과의 전형적인 예다.

✳ 자이가르닉 효과

러시아의 심리학자 자이가르닉이 제창했다. 사람은 달성한 사건보다 달성하지 못한 사건이나 중단한 일일수록 오래 기억한다고 한다. 드라마에서 뒷 내용이 궁금한 장면에서 끝내는 것은 강한 인상을 남기기 위한 좋은 방법일지 모른다.

제
1
장

심리학의 확장 영역
공간심리학

해설 사람에게 쾌적함을 주는 공간과 스트레스를 느끼게 하는 공간이 있다. 사람의 마음과 공간을 대상으로 심리학적 연구, 분석을 한다.

사용 설명서 팁 원활한 인간관계를 위한 타인과의 적절한 거리감과 가정이나 회사에서의 환경 구축에 팁을 얻을 수 있다.

남자는 왜 오른쪽에 설까?

퍼스널 스페이스(222쪽)와 온도와 습도가 미치는 심리적 변화(228쪽)와 같이 공간에 따라서 사람의 마음은 변화한다. 또한 남녀가 나란히 걷다 보면 어느새 남자가 오른쪽에 서 있는 건 왜일까? 인지심리학 연구에서는 사람은 상대에게 의지하고 싶기 때문에 '왼쪽'에 위치하려고 한다. 부탁할 일이 있을 때는 오른쪽 귀에 말하면 좋다는 설도 있다.

여
러
가
지
심
리
학

사람은 왼쪽으로 도는 것이 움직이기 쉽다는 성질이 있다. 이유에 대해서는 심장의 위치와 자주 사용하는 발이기 때문이라는 등 여러 설이 있다. 가게의 동선을 짤 때 활용하기 바란다.

심리학의 확장 영역
군사심리학

해설 군사 활동에서 사람의 심리와 심리적 문제에 대처하는 방법을 연구하는 학문. 전장심리학, 국방심리학 등의 파생 학문도 있다.

사용 설명서 팁 군인으로서의 적성 판단과 전장에서 돌아온 병사의 PTSD 같은 마음의 후유증을 치료하는 데 활용할 수 있다.

역시 사람은 사람을 죽일 수 없다

『살인의 심리학』(데이브 그로스먼)에 따르면 전쟁터에서 병사의 90% 이상이 적을 쏠 때 의도적으로 빗나가게 한다고 한다. 전쟁이라는 비정상 상태에서도 대다수의 사람은 적이라도 쉽게 죽이지 못한다. 그런 만큼 상대를 죽였거나 또는 그것을 목격한 병사들이 PTSD(270쪽)가 됐을 것이다.

전쟁이라는 비정상인 상태에서도 사람은 정상인 상태로 있을 수 있다.

심리학의 확장 영역

이상심리학

해설 사람의 이상(異常) 행동을 연구하는 심리학.

사용 설명서 팁 정상과 비정상의 경계선은 확실하지는 않지만 일반적으로 말할 수 있는 4가지 기준을 소개한다.

정상과 비정상은 종이 한 장 차이

정상과 이상의 경계선이 되는 기준에는 ① 적응적 기준 ② 가치적 기준 ③ 통계적 기준 ④ 병리적 기준이 있다고 한다. 그렇다고 해도 오른쪽 페이지의 설명을 읽고 나면 정상과 비정상의 차이가 점점 더 애매해지는 것을 알 수 있다.

결벽증과 깨끗한 것을 좋아하는 것도 종이 한 장 차이. 누구나 조금은 비정상적인 측면을 갖고 있지 않을까.

① 적응적 기준

자신이 소속된 사회와 집단에 잘 적응하고 있는가. 잘 어울리지 못해 고민하고 있다면 비정상, 고민하고 있지 않다면 정상이라고 생각한다. 사회와 집단이 비정상인 경우도 있어 그 선을 긋는 것은 어렵다.

② 가치적 기준

소속된 사회와 집단이 생각하는 '지켜야 할 룰'에서 일탈하면 나쁘다고 생각하는 경우는 정상. 관계없다고 생각하면 비정상. '사람의 물건을 훔쳐서는 안 된다', '상대를 상처 입혀서는 안 된다' 등의 룰을 지키는가 그렇지 않은가의 차이다.

③ 통계적 기준

소속된 사회와 집단의 평균적인 사고와 행동에서 일탈하고 있는지 아닌지를 기준으로 한다. 지능검사에서 평균적인 수치라면 정상, 평균에서 멀어지면 비정상이라고 생각한다.

④ 병리적 기준

병리적, 의학적 견지에서 '이상'으로 판단되면 비정상, 그렇지 않다고 여겨지면 정상. 전적으로 의사의 판단에 의하는 바가 크다.

마음과 몸은 별개이다

플라톤

Plato (BC427~BC347)

고대 그리스의 철학자. 소크라테스의 제자이자 아리스토텔레스의 스승이다.『소크라테스의 변명』,『국가』,『향연』등의 저서가 있다. 인간의 마음과 몸을 나누는 심신이원론을 제창했다. 몸은 쇠퇴해도 혼은 영원히 불멸한다고 주장했다.

마음과 몸은 하나다

아리스토텔레스

Aristotles (BC384~BC322)

플라톤의 제자이며 고대 그리스의 철학자. 다방면에 걸친 연구로 '만학(萬學, 모든 학문)의 아버지'라고 불린다. 사람의 마음에 대해 연구한『영혼론』은 세계 최초의 심리학서로도 알려져 있다. 아리스토텔레스는 영혼과 몸은 분리할 수 없는 일원적인 것이라고 생각했다.

나는 생각한다, 고로 나는 존재한다

르네 데카르트

René Descartes (1596~1650)

프랑스의 철학자, 자연과학자, 수학자. 유럽을 여행하며 돌아다니다가 독일, 네덜란드에서 학문 연구를 수행한다. 주요 저서인 『방법서설』은 철학사·사상사(思想史)에서 중요한 의의를 지닌 저작이라고 평가받는다. 육체와 정신은 전혀 다르다고 하는 심신이원론을 제창했다.

인식의 코페르니쿠스적 전환을!

임마누엘 칸트

Immanuel Kant (1724~1804)

독일의 철학자. 『순수 이성 비판』, 『실천 이성 비판』, 『판단력 비판』 3종의 비판서를 발표하고 비판 철학을 제창했다. 칸트는 인식론에서 '인간은 대상을 있는 그대로 인식하는 것은 불가능하고 인식이 대상의 관념을 만들어낸다'라고 주장하고 당시 인식론의 객관주의적 생각을 180도 바꾸었다. 이처럼 사물을 바라보는 방법을 180도 바꾸는 것을 칸트의 말을 빌어 '코페르니쿠스적 전환'이라고 한다.

이성적인 것이 현실적이고, 현실적인 것이 이성적이다

게오르크 빌헬름 프리드리히 헤겔

Georg Wilhelm Friedrich Hegel
(1770~1831)

독일의 철학자. 칸트에서 시작된 독일 관념론을 완성했다. 정신적인 것과 비물질적인 것이 세계의 근원이고 물질적인 것은 2차원적인 것이라는 개념을 제창하고 현대 철학의 원류를 만들었다. 대표작은 『정신현상학』.

지식은 힘이다!

프랜시스 베이컨

Francis Bacon (1561~1626)

영국의 철학자, 신학자, 정치가, 법률가. 인간의 지식은 경험에서 유래한다는 경험론을 제창했다. 객관적인 관찰과 실험에 의해 마음을 포착한다는 시점에서, 마음이란 경험에 의해서 지식이 기록되는 것이라고 했다. 한편 사실 여부는 알 수 없지만 셰익스피어는 베이컨의 펜네임이라는 설까지 있다.

인간의 마음은 백지 상태로 태어나 경험을 통해 채워진다

존 로크
John Locke (1632~1704)

영국의 철학자. 로크의 인식론에서는 '인간의 마음은 백지(라틴어로 타불라 라사, tabula rasa)이며 경험을 쌓으면서 지식이 기록된다'고 했다. 또한 왕권신수설을 부정하고 프랑스 혁명과 미국 독립선언에도 큰 영향을 미친 이상가이다.

*왕권신수설 : 왕은 신에 대해서만 책임을 지며, 인민은 왕에게 절대 복종하여야 한다는 정치 이론

마음은 다양한 요소의 집합이다

빌헬름 분트
Wilhelm Maximilian Wundt (1832~1920)

독일의 심리학자, 생리학자로 근대심리학의 아버지라고도 불린다. 1879년 독일 라이프치히 대학에서 세계 최초의 심리학 실험실을 창설했고, 이는 심리학이 과학적 학문 분야로 인정받는 기반으로 평가된다. 이후 분트의 개념에 반론하는 게슈탈트 심리학 등 많은 학설이 대두하면서 심리학은 발전한다.

제2장
마음과 몸, 뇌의 관계

'마음은 어디에 있는가?'를 생각할 때 마음과 몸, 뇌의 관계에 대해 언급하지 않을 수 없다. 이번 장에서는 인간의 감각과 지식은 도대체 어떤 메커니즘에서 생겨나는가, 인간이 인간답기 위해서는 뇌의 어디가 작용하고 있는지 등을 해설한다. 인간이 항상 정확하게 정보를 지각하고 있지 않다는 사실을 알게 되면 한층 더 사람의 심리가 흥미롭게 다가올 것이다.

감각과 지각

> 해설 사람은 소리와 냄새 등 외부의 정보를 감지하여 다양한 것을 판단한다. 감각이란 '아, 무슨 소리가 난다'이고 지각이란 '아, 나의 이름이 들린다'이다.

> 사용 설명서 팁 자신의 감각과 지각을 의식적으로 마주하여 오감을 연마하면 위험을 알아차리거나 기회에 민감해질 수 있다.

감각과 지각의 차이

사람은 일상적으로 접하는 여러 가지 정보(소리와 냄새, 맛, 색 등)를 느끼고 느낀 정보에서 그것이 무엇인지를 인식한다.

감각 정보를 감지한다

감각이란 눈, 코, 입 등 감각기관에서 감지한 정보가 뇌에 전달되고 느껴지는 것

> '뭐야, 이 냄새는?', '뭐야, 저건?'이라고 느끼는 것이 감각

지각 감지한 정보를 인식한다

지각은 뇌에 도달한 정보를 토대로 형태와 크기, 내용을 꺼내서 사물을 인식하는 것

> '카레 냄새가 나', '저 저건 100만 원 다발 아냐!'와 같이 그것이 무엇인지를 파악하는 것이 지각

기억, 사고, 학습, 경험을 통해 정보를 처리

감각과 지각은 초기적인 정보 처리인 반면 기억, 사고, 학습은 보다 고도의 정보 처리이다. 심리학에서는 이 모든 것을 아울러 연구하고 마음의 메커니즘을 해명한다. 또한 사람은 사물을 일련의 흐름으로 기억한다고 한다. 예를 들면 가게에 들어갔을 때 '앉는다, 메뉴를 본다, 주문한다, 먹는다, 지불한다'라는 흐름을 알고 있기 때문에 처음 들어간 가게에서도 망설이지 않는다. 이처럼 사물을 흐름으로 기억하는 것을 심리학에서는 스키마(schema)라고 한다.

과거의 경험과 추론을 토대로 정보를 처리한다

예: 좋은 냄새가 나는 요리

예: 인상이 나쁜 사람을 보고

뭔가 나쁜 예감이 들어

사람은 경험과 추론을 섞어가며 '이것은 ○○가 아닌가'라고 정보를 처리하고 있다. '이 좋은 냄새는 엄마가 만든 된장국 같은데! 그렇다면 틀림없이 맛있을 거야'라거나 '아무래도 이런 류의 인상을 가진 사람 중에는 제대로 된 놈이 없다. 꺼림칙한 예감이 드네'라는 기분은 마음의 작용에서 생겨난다. 특히 후각은 어느 감각보다 가장 강력하게 기억을 불러일으킨다. 그것은 후각야(嗅覺野)가 기억을 담당하는 뇌의 부위 해마에 가까운 장소에 위치하고 있기 때문이라고 한다.

제2장 | 마음과 몸 뇌의 관계

마음과 뇌

해설 감각은 눈과 귀 등의 감각기관을 통해 들어온 외계의 자극이 말초신경을 통해 중추신경에 전달되고 뇌에서 정보 처리된다. 그래야 비로소 '아프다', '눈부시다', '맛있다'와 같은 감각이 생겨나는 것이다.

사용 설명서 팁 뇌의 구조를 알면 문제 해결의 팁을 얻을 수 있다.

오감을 이해한다

인간의 감각에는 시각, 청각, 후각, 촉각, 미각 5종류가 있다. 이것을 최초로 분류한 것은 고대 그리스의 철학자 아리스토텔레스다. 이들 감각은 각 기관의 자극이 전기신호로 변환되어 중추신경에 전해지기 때문에 생겨난다.

오감은 아리스토텔레스가 분류했다고 한다.

지각의 종류

해설 감각에서 얻은 정보를 통합된 형태로 포착하는 것이 지각이다. 음성과 문자, 단어, 색, 사상, 공간, 사회적 지각 등의 종류가 있다.

사용 설명서 팁 단순한 사람의 목소리를 단어라고 지각할 수 있는 것처럼 지각을 연마하는 것에 의해서 보다 인간다운 행동이 가능해진다.

다양한 지각

왜 사람은 단순한 소리를 '영어네, 중국어네'라고 지각할 수 있는 걸까? 그것은 학습과 경험에 의한다. 아기는 태어나 6개월에서 1년 사이에 모국어에 부합한 지각이 형성된다고 한다. 저 물건은 'ㅇㅇ'라고 인식하려면 경험이 중요하다.

THE CAT

「심리학」(有斐閣双書)에서

위의 단어는 「THE CAT」이라고 읽을 수 있다. 그러나 잘 보면 2번째 문자와 5번째 문자는 같은 형태인데 H 또는 A로 보이는 것을 알 수 있다. 학습이 어떻게 지각에 작용하는지를 보여주는 예이다.

음성

문자
가나다라마
ABCDE
아이우에오

단어
심리학
사용 설명서

•색 •사상
•공간 •사회적

*有斐閣双書 : 일본의 인문사회 계열 학술서 출판사

시각

해설 사물을 보는 감각. 시력, 시야, 광각, 색각, 양안시, 운동시 등을 포함한다. 오감 중에서 가장 발달한 감각이다.

사용 설명서 팁 사물이 보이는 원리를 이해하자. 시각에 관한 착각 '착시(90쪽 참조)'를 보면 시각의 불명확성도 깨달을 수 있다.

사물이 보이는 원리

망막에 빛이 닿으면 시세포가 그 자극을 감지한다. 빛이 전기신호로 변환되어 시신경을 통해 대뇌의 시각야에 전달되면 사물의 색과 형태를 인식할 수 있다. 우시야의 정보는 좌뇌의 시각야로, 좌시야의 정보는 우뇌의 시각야로 전달된다. 좌우의 눈에 비치는 다른 상을 뇌가 통합해서 사물이 입체로 보이는 것이다.

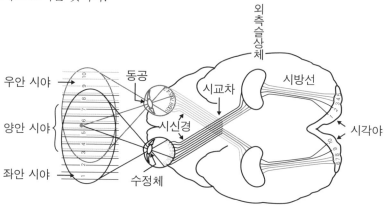

청각

해설 사물을 듣는 감각. 공기의 진동에 의해서 생기는 음파를 감지한다. 대뇌의 청각야는 음원의 방향이나 거리도 특정한다.

사용 설명서 팁 사람은 어떻게 소리를 지각하는 걸까, 그 원리를 알아보자. 인간은 노화와 함께 들리는 소리의 범위가 달라진다.

나이를 먹으면 잘 들리지 않게 되는 소리

사람이 들을 수 있는 주파수(1초간의 진동수)는 20~20,000헤르츠라고 하며 일상 대화라면 대개 500~5,000헤르츠다. 나이를 먹음에 따라 가청역이 좁아지기 때문에 고주파는 듣기 힘들어진다. 모스키토음이라 불리는 17,000헤르츠의 고주파를 들을 수 있는 것은 20대 전반까지라고 한다.

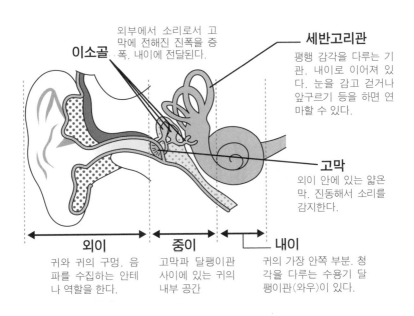

이소골
외부에서 소리로서 고막에 전해진 진폭을 증폭. 내이에 전달된다.

세반고리관
평행 감각을 다루는 기관. 내이로 이어져 있다. 눈을 감고 걷거나 앞구르기 등을 하면 연마할 수 있다.

고막
외이 안에 있는 얇은 막. 진동해서 소리를 감지한다.

외이
귀와 귀의 구멍. 음파를 수집하는 안테나 역할을 한다.

중이
고막과 달팽이관 사이에 있는 귀의 내부 공간

내이
귀의 가장 안쪽 부분. 청각을 다루는 수용기 달팽이관(와우)이 있다.

촉각

해설 만지거나 만져졌을 때 사물을 인식하는 감각. 감각 호문클루스(40쪽 참조)를 보면 몸의 어느 부분이 민감한지 알 수 있다.

사용 설명서 팁 사물에 닿았을 때 사람은 어떠한 경로로 그것을 인식하는가, 그 원리를 알아보자. 어디가 가장 민감할까?

피부 아래는 다양한 수용기로 가득

촉각에는 통증을 느끼는 통각, 온도를 느끼는 온각과 냉각, 압박을 느끼는 압각 등이 있다. 촉각에는 다양한 수용기가 있고 피부와 그 아래에 분포해 있다. 수용기에서 받아들인 정보는 대뇌에 있는 체성 감각야에서 수용한다. 체성 감각야는 손과 얼굴로 얻은 정보를 보다 잘 감지하도록 발달해 있다.

메르켈 촉각 세포(Merkel's cell)
표피 바로 아래에 있고 촉각을 감지한다. 압력에 반응한다.

마이스너 소체
촉각, 압각에 관여한다. 접촉한 피부의 변형과 진동을 파악한다.

파치니 소체
촉각, 압각에 관여한다. 닿았을 때 최초로 반응하는 부분

루피니 종말
온감에 관여한다. 피부가 당겨지는 감각도 파악한다.

모포 수용기
체모의 기울기 변화를 파악한다.

후각

해설 냄새를 느끼는 감각. 화학물질을 수용기가 받아들이고 대뇌의 후각야가 인식하면 싫은 냄새와 좋은 냄새를 구분할 수 있다.

사용 설명서 팁 좋은 향과 싫은 냄새는 약 40만 종류 있다고 한다. 이 냄새들이 섞여서 코에 들어오면 사람은 어떠한 경로로 그것을 인식하고 판단할까.

후각은 생사를 가른다!

냄새가 코 안으로 들어오면 후세포가 정보를 감지, 전기신호로 바뀌어서 대뇌의 후각야로 보내져 냄새를 느낀다. 후각은 음식물이 상하지 않았는지, 입에 넣을 수 있을지를 판단하기 때문에 사람의 생사를 가르는 감각이라고 할 수 있다.

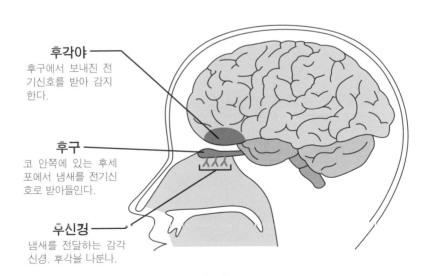

후각야
후구에서 보내진 전기신호를 받아 감지한다.

후구
코 안쪽에 있는 후세포에서 냄새를 전기신호로 받아들인다.

후신경
냄새를 전달하는 감각신경. 후각을 나눈다.

미각

해설 단맛, 신맛, 짠맛, 쓴맛, 맛있는 맛을 인식하는 감각.

••

사용 설명서 팁 미각도 후각과 마찬가지로 화학물질을 수용기가 받아들였을 때(입에 넣었을 때) 어떤 맛인지를 인식하는 감각이다.

••

혀의 맛지도는 거짓인가 진짜인가?

아래 그림에서 보는 바와 같이 혀의 장소에 따라 느끼는 미각이 있다고 하는 혀의 맛지도 설을 1942년 미국의 심리학자 에드윈 보링이 제창하며 널리 세상에 알려졌다. 그러나 이것은 잘못된 것으로 밝혀졌으며, 여러 가지 맛을 느끼는 미뢰(味蕾)는 혀 전체에 있다는 것이 새로운 상식으로 통하고 있다.

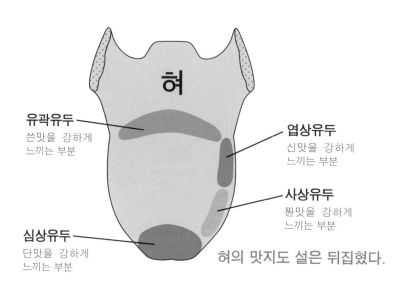

혀

유곽유두
쓴맛을 강하게
느끼는 부분

엽상유두
신맛을 강하게
느끼는 부분

사상유두
짠맛을 강하게
느끼는 부분

심상유두
단맛을 강하게
느끼는 부분

혀의 맛지도 설은 뒤집혔다.

말초신경과 중추신경

해설 시각, 청각, 후각, 촉각, 미각이 어떻게 뇌에 전달되는가. 말초신경과 중추신경이 그 열쇠를 쥐고 있다.

사용 설명서 팁 자극이 전기신호를 거쳐 어떻게 감각이 되는지를 알아본다.

다양한 정보 처리를 거쳐야 비로소 감각이 생긴다

각 수용기에서 받아들인 자극은 전기신호로 변환된다. 이 전기신호는 몸 전체에 둘러쳐진 말초신경을 통해 뇌와 척수로 구성되는 중추신경에 전달되어 정보 처리되는 구조로 되어 있다. 눈으로 본 그대로를 인식하는 것이 아니라 다양한 경로를 거쳐 정보 처리되어야 비로소 감각이 생겨나는 것이다.

뇌
말초신경에서 전해지는 전기신호를 처리해서 감각을 만들어낸다. 그리고 전신에 명령을 내린다.

척수
감각과 운동의 자극을 전달하여 반사 기능을 갖는다. 자극을 받았을 때 척수로 반응하는 것을 척수반응이라고 한다.

말초신경
감각 자극 등의 정보를 감지해서 중추신경에 전달한다. 중추신경의 명령을 신체의 각처에 전달하는 역할도 한다.

대뇌피질

해설 인간에게 가장 발달해 있는 뇌의 영역이 대뇌피질이다. 대뇌피질이 인간다움을 만들어낸다.

사용 설명서 팁 정동과 감동을 조절하는 것이 대뇌피질. 뇌 과학을 함께 알아두면 마음에 대해 보다 자세히 알 수 있다.

▍뇌 전체의 약 80%를 차지하는 대뇌

뇌의 표면은 두께 2~3밀리의 대뇌피질로 둘러싸여 있고 약 140억 개의 신경세포를 갖는다. 이 대뇌피질이 기억과 사고, 감정 등 인간의 마음을 관장한다.

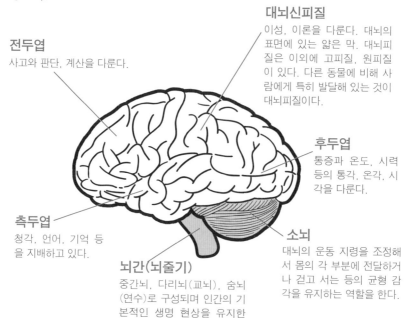

전두엽
사고와 판단, 계산을 다룬다.

대뇌신피질
이성, 이론을 다룬다. 대뇌의 표면에 있는 얇은 막. 대뇌피질은 이외에 고피질, 원피질이 있다. 다른 동물에 비해 사람에게 특히 발달해 있는 것이 대뇌피질이다.

후두엽
통증과 온도, 시력 등의 통각, 온각, 시각을 다룬다.

측두엽
청각, 언어, 기억 등을 지배하고 있다.

소뇌
대뇌의 운동 지령을 조정해서 몸의 각 부분에 전달하거나 걷고 서는 등의 균형 감각을 유지하는 역할을 한다.

뇌간(뇌줄기)
중간뇌, 다리뇌(교뇌), 숨뇌(연수)로 구성되며 인간의 기본적인 생명 현상을 유지한다. 생명의 좌라고도 불린다.

기능국재론

기능국재론이란 뇌(특히 대뇌피질)가 각 부위별로 다른 기능을 갖고 있다는 설. 우뇌는 직감적·공간적 기능을 관장하고 좌뇌는 이성적·논리적 기능을 관장한다.

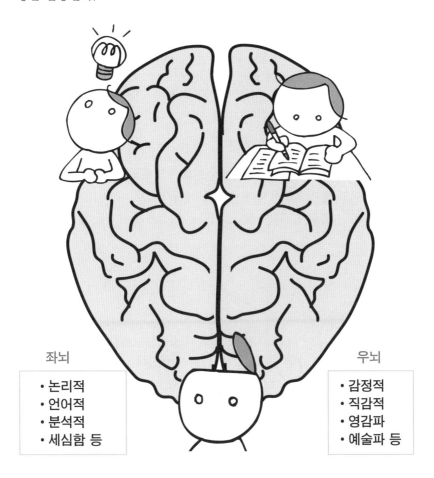

좌뇌

- 논리적
- 언어적
- 분석적
- 세심함 등

우뇌

- 감정적
- 직감적
- 영감파
- 예술파 등

혈액형으로 성격을 판단하는 것처럼 좌뇌형 인간, 우뇌형 인간이라는 카테고라이즈도 일종의 타입론이라고 할 수 있다. 그러나 확실히 왼쪽 페이지에 있듯이 뇌는 부위별로 하는 역할이 있기 때문에 모두가 틀렸다고 할 수도 없을 것이다.

뇌손상과 실어

해설 뇌경색 등으로 뇌의 중추(언어야)가 손상되면 실어증이 나타나는 경우가 있다고 한다. 뇌가 손상받았을 때 어떤 일이 일어나는지를 해설한다.

사용 설명서 팁 뇌손상과 기억, 뇌손상과 치매(인지증)의 관계에 대한 이해를 깊이하자.

해마를 잃은 간질(뇌전증) 환자

1950년대 미국에서 간질(뇌전증)에 의한 돌발적인 경련의 원인이 뇌의 해마에 있다고 생각하고 절제 수술을 한 사례가 있다. 수술 결과 환자는 경련을 일으키는 횟수가 격감한 대신 기억을 형성하는 능력을 잃어버렸다고 한다.

새로운 기억은 해마에, 오래된 기억은 대뇌피질에 저장된다고 한다. 해마는 강한 스트레스에 의해서도 기능을 상실하는 섬세한 부위. PTSD 등으로 기억 장애를 일으키는 것은 그 때문이다.

뇌장애와 인지증(치매)

85세 이상의 고령자 약 4명 중 1명이 인지증에 걸리는 시대다. 인지증은 뇌세포가 사멸하거나 쇠퇴하기 때문에 발증하는 경우와 뇌손상이 원인이 되어 발증하는 경우가 있다.

★알츠하이머병 등 : 뇌가 위축

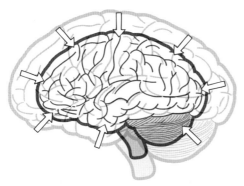

뇌신경 세포가 사멸해 뇌가 위축하기 때문에 일어난다. 증상을 알아차렸을 때는 상당히 진행된 상태다. 인지증에 걸린 사람의 약 60%가 알츠하이머형이다.

알츠하이머병 등

★혈관성 치매 : 뇌 일부가 손상

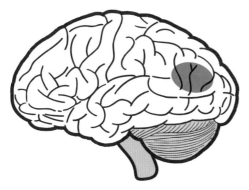

뇌경색과 뇌졸중에 의한 뇌손상으로 뇌세포의 일부 혈액이 부족해서 장애가 발생한다. 손상된 부위에 따라 증상에 차이가 있다.

혈관성 치매

일반적인 건망증은 물건을 잃어버렸다는 사실을 자각할 수 있다. 경험의 일부를 잊어버리는 특징이 있는 한편 인지증의 경우는 물건을 잃어버린 것조차 자각하지 못하고 경험의 모든 것을 잊어버린다는 차이가 있다.

착시

해설 시각에서 들어온 정보를 잘못 인식하는 것을 착시라고 한다. 사람은 정보를 항상 정확하게 지각하는 것은 아니라는 사실을 착시를 통해 이해할 수 있다.

사용 설명서 팁 실제로 보고 있는 것에 대해 사람이 멋대로(?) 지각하고 있다는 사실을 깨달으면 다른 사물을 대할 때 갖는 마음가짐도 바뀔 것이다.

대뇌의 버릇이 만들어내는 착시

우리들이 보고 있는 것과 생각하고 있는 것은 눈과 귀 등의 감각기관에서 받아들인 자극을 대뇌가 지각한 것이다. 대뇌는 물체를 통합된 형태(패턴)로 받아들이는 버릇이 있으므로 본래의 것과 차이(착시)가 생긴다.

★뮐러 라이어 착시

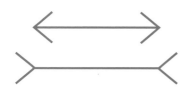

같은 길이의 직선인데도 양 끝에 방향이 다른 선을 첨가하면 아래쪽 선이 더 길게 보인다.

위쪽에서 교차하는 두 선 사이에 평행선을 그려 본다. 같은 길이인데 위쪽이 길게 보인다. 원근감 때문이라고 한다.

★ 체르너 착시

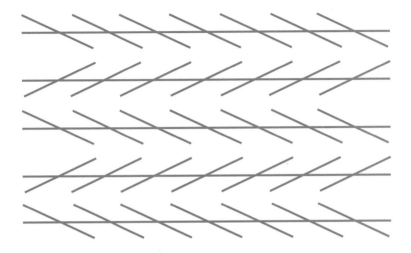

모든 직선은 평형인데 짧은 사선을 그으면 기울어져 보인다.

★ 포겐도르프 착시

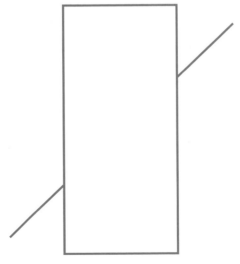

사선의 중간 부분을 다른 도형(이 경우 직사각형)으로 감추면 이어져 있는 사선
이 어긋나 보인다.

★ 에빙하우스 착시

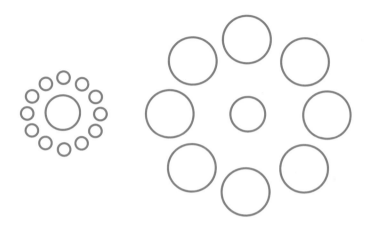

같은 크기의 원인데 작은 원으로 둘러싸이면 커 보이고 큰 원으로 둘러싸이면 작아 보인다(착시뿐 아니라 심리적 착각이 시사하는 바가 큰 결과라고 할 수 있다).

★ 헤르만 격자 착시

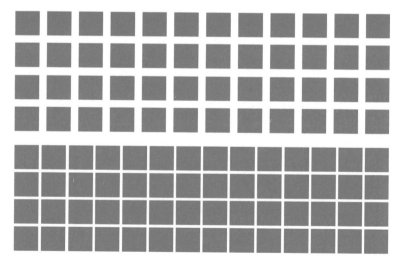

하얀색 라인이 교차하는 부분에 있지도 않은 점이 보인다. 여러 교차점 중 한 교차점을 집중해서 바라보면 바라보고 있는 교차점은 하얗게 보이지만 주변 교차점들이 어두워 보인다.

★ 프레이저 나선형 착시

손가락으로 덧그려 보면 알겠지만 소용돌이로 보이는 곡선은 사실은 동심원이다.

★ 뮌스터버그 착시

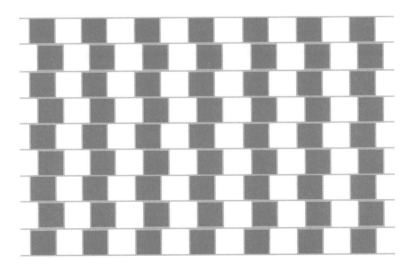

평행선의 위아래에 같은 색의 정사각형을 조금씩 어긋나게 놓으면 선이 기울어져 보인다.

감각과 순응

해설 사람의 감각은 자극에 익숙해지기도 하고 어느 환경하에서는 제대로 기능하지 않는 등의 영향을 받는다.

사용 설명서 팁 아무리 괴로운 일도 익숙해지면 극복할 수 있다고 생각하면 조금은 마음이 가벼워진다. 그러나 지나치게 참는 것은 마음을 병들게 하므로 주의가 필요하다.

열탕도 익숙해지면 아무것도 아니다!?

자극도 같은 정도의 것이 계속되면 감수성이 둔해져서 익숙해진다. 뜨거운 욕조에 익숙해지는 현상을 순응이라고 한다.

어두운 방에 들어가 잠시 있으면 눈이 익숙해지고 남의 집이나 가게의 냄새가 처음에는 신경 쓰이지만 차츰 익숙해지는 것도 순응의 일종이다.

★ 마스킹

어느 자극이 다른 자극에 의해서 사라져 버리는 것. 배가 아팠는데 새끼손가락이 베이면 배 아픈 것을 잊어버린다.

★ 칵테일파티 효과

신경 쓰이는 소리에는 민감해진다. 잡음이 있어도 그곳에 의식을 집중하면 들린다.

어포던스 이론

해설 기존의 지각 이론에서는 '눈앞의 물체를 있는 그대로 사실로 지각한다'고 생각했지만 미국의 심리학자 제임스 깁슨은 '사람은 대상이 어떤 가치를 부여하는지를 (afford) 지각한다'고 했다.

사용 설명서 팁 '그것은 도대체 무엇을 부여해 주는 것인가?'라는 어포던스 시점은 디자인 등의 제조 현장에서 활용되고 있다.

누를 것인가, 당길 것인가?

예를 들어 문 손잡이가 있으면 '이 문은 당기거나 밀면 된다'는 것을 한눈에 알 수 있다. 손잡이가 있는데 가로로 밀어야만 열리는 문을 만들면 사람의 지각은 혼란을 일으킬 것이다.

시용 편의닝이란 무엇인가를 생각할 때 도움이 되는 이론

제2장

마음과 몸 뇌의 관계

마음은 의식과 전의식, 무의식으로 나뉜다

지그문트 프로이트
Sigmund Freud (1856~1939)

오스트리아의 정신분석학자이자 정신과 의사로 정신분석의 창시자이다. 17세에 빈 대학 의학부에 입학하여 신경생리학을 연구한다. 이후 프랑스 유학에서 만난 신경학 권위자 샤르코의 체면술을 실천함으로써 인간의 무의식의 존재를 확신하고 정신분석의 수법을 발전시켰다. 1900년 프로이트의 대표 저작 『꿈 판단』이 출간됐지만 출간 후 6년간 불과 315부밖에 팔리지 않았다고 한다. 그는 상당한 헤비 스모커였다.

인간은 인류 공통의 무의식을 갖고 있다

칼 구스타브 융
Carl Gustav Jung (1875~1961)

스위스의 정신과의사이자 심리학자. 심층 심리을 연구하여 통칭 '융 심리학'이라 불리는 분석심리학의 이론을 만들었다. 융 심리학은 개인의 의식·무의식을 분석한다는 점에서 프로이트의 정신분석과 공통되지만 인간의 무의식 깊은 안쪽에는 개인을 뛰어넘는 인류 공통의 무의식이라고 할 수 있는 집단무의식이 있다고 주장했다.

객관적으로 아는 행동이
마음을 아는 단서이다

존 왓슨
John Watson (1878~1958)

미국의 심리학자이자 행동주의심리학 창시자이다. 분트의 흐름을 잇는 독일의 실험심리학에 대해 자극과 반응 등 보다 행동적인 착안점에서 심리학을 연구했다. 또 심리학학회에서 요직을 맡은 후 실업계로 전신한 경력을 갖고 있다.

마음의 욕구를 추구하는 것은
인간 성장으로 이어진다

에이브러햄 해롤드 매슬로
Abraham Harold Maslow (1908~1970)

미국의 심리학자로 인간성 심리학을 제창했다. 인간성 심리학이란 정신 분석과 행동주의심리학 사이의 '제3의 세력'으로 마음의 건강에 대한 심리학을 지향한 것. 매슬로는 특히 인간의 욕구 계층 이론으로 유명하다 (27쪽).

개도 사람도 생물, 조건반사에 반응한다

이반 페트로비치 파블로프
Ivan Petrovich Pavlov (1849~1936)

러시아의 생리학자. 이른바 파블로프의 개 실험에서 '고전적 조건형성을 제창했다. 외과의에서 생리학자로 전신하여 조건반사를 연구해 대뇌의 생리학에 새로운 길을 열었다. 주요 저서에 『대뇌 양 반구의 작용에 관한 강의』가 있다.

주관적 인식이 세계를 만든다

에드가 존 루빈
Edgar John Rubin (1886~1951)

덴마크의 심리학자. 독일의 심리학자 뮐러에게 사사받는다. 다의도형(多義圖形)인 '루빈의 술잔'을 고안한 것으로 유명하다. 땅과 그림의 인식에 관한 분석과 기술을 현상학적으로 수행했다. 저서에는 『시각적 도형』(Synsoplevede Figurer) 등이 있다.

시간 경과와 망각은
상관관계에 있다

헤르만 에빙하우스

Hermann Ebbinghaus (1850~1909)

독일의 심리학자. 기억의 실험적 연구 선구자로 페히너의 신경물리학에서 영향을 받았다. 망각 곡선으로 유명하며, 학습 곡선을 그린 최초의 심리학자이다. 눈의 착각을 발견한 것으로도 알려졌으며 에빙하우스 착시는 그의 공적을 기려 이름 붙인 것이다.

있는 그대로의 자신을
사랑할 수 있는가 ?

하인츠 코헛

Heinz Kohut (1913~1981)

오스트리아 출신의 정신과 의사이자 정신분석학자. 정신분석적 자기심리학을 제창하고 또한 자기애성 성격장애 연구의 선구자로 유명하다. 1968년에 발표한 논문 '자기애성 성격장애의 정신분석적 치료'는 자기심리학의 이론적 기반을 닦았고 이후 『자기의 분석』이라는 이름으로 출간됐다.

제3장
자신을 알기 위한 힌트

사회에 적응하기 위해서는 우선 자기자신을 아는 것부터 시작하자. 감정과 정동은 어떻게 생겨나는가, 성격의 유형·특성, 콤플렉스를 자각할 수 있다면 지금보다 삶이 한층 수월할 것이다. 또한 사람은 태어나서 죽을 때까지 어떻게 발달하고 위기에 휘말리는지를 알아두면 어려움도 극복할 수 있다.

감정과 정동

해설 인간은 감정의 생물이라고 불린다. 감정과 정동은 사람이 살아가기 위해 반드시 필요한 행동을 촉구하기 위해 있다.

사용 설명서 팁 자신과 상대의 감정을 이해하는 순간 인생을 살아가기 훨씬 쉬워진다. 나쁜 일일수록 긍정의 감정으로 극복하자!

▌감정과 정동은 솟아났다가 사라진다

감정과 정동의 차이는 38쪽에서 소개한 바와 같이 '원시적인 것인가(정동)', '인간 특유의 것인가(감정)'의 차이다. 감정과 정동은 상호 영향을 받기 때문에 어느 감정의 뒤에 다른 감정이 싹 트면 앞의 감정을 잊어버리는 일이 많다.

★ 감정　　　★ 정동

꼬르륵 소리가
난다. 배가 고프다고 느낀다.

아, 배부르다. 어, 화
났던 이유가 뭐였지?

감정은 실로 단순한 것이다. 배가 부르면 모든 일이 기쁘다.
화가 난 사람일수록 식사를 하도록 권유해 보는 건 어떨까?

감정 발생 프로세스

해설 울기 때문에 슬픈 것인가 슬프기 때문에 우는 것인가. 감정이 생겨나는 프로세스에는 2가지 설이 있다.

사용 설명서 팁 제임스 랑게설을 응용하면 슬픈 일도 극복할 수 있다!? 괴로울 때일수록 웃어보자.

캐넌 바드설과 제임스 랑게설

캐넌 바드설은 먼저 슬픈 감정을 느끼고 나서 눈물이 나오는 생리적 반응이 일어난다는 설이다. 한편 제임스 랑게설은 울고 있는 자신을 느끼기 때문에 슬픈 감정이 일어난다는 것. 최근에는 제임스 랑게설을 응용하여 울고 싶을 때 억지로 웃으면 대뇌가 즐겁다고 착각해서 마음이 가벼워진다는(표정 피드백 가설) 주장도 대두하고 있다.

제임스 랑게설
울고 있는 자신을 느끼기 때문에 슬픈 감정이 일어난다. 생리적 반응이 감정에 우선한다.

캐넌 바드설
슬프다고 느끼기 때문에 눈물이 나는 생리적 반응이 일어난다.

일류 운동선수는 웃으면서 달리거나 경기를 하면 성적이 향상된다는 설도 있다.

성격과 인격

해설 심리학에서는 인격은 지성, 감정, 의사 모두를 내포하는 것이라고 생각하고 성격은 인격 중 감정과 의사를 가리킨다.

사용 설명서 팁 성격·인격이 선천적인지 후천적인지를 알면 본인 스스로도 싫어하는 자신의 성격을 바꿀 수 있다.

캐릭터와 퍼스널리티

성격은 다시 캐릭터와 퍼스널리티 2가지로 나뉜다. 캐릭터는 태어나면서 갖거나 유전적으로 이어받은 성격이다. 퍼스널리티는 성장 과정에서 외부의 자극을 받아 완성된 후천적 성격이다. 후천적 성격이라면 바꿀 수 있다!

캐릭터
'새겨진'이라는 의미로 태어나면서 갖고 태어난 성격

퍼스널리티
가면이라는 의미로 성장 과정에서 몸에 익힌 후천적 성격. 이것은 바꿀 수 있다.

성격의 유형론·특성론

해설 심리학적으로 성격을 알기 위한 어프로치는 2가지. 바로 성격의 유형론과 특성론이다. 크레치머와 융, 셸던 등 대표 예를 소개한다.

사용 설명서 팁 자신 또는 상대의 성격을 겉모습을 보고 규정하고 싶을 때 도움이 되는 것이 성격의 유형론이다.

몇 가지 전형적인 타입에 성격을 적용한다

우선 하나가 성격의 유형론. 이것은 체형을 보고 너그러운 타입 또는 끈질긴 타입과 같이 전형적인 성격에 적용하는 이론. 한편 공격성 5, 감정성 3과 같은 식으로 몇 단계로 구분된 성격의 강약으로 성격을 파악하는 특성론도 있다. 유형론은 크레치머의 유형론(106쪽), 셸던의 유형론(106쪽), 융의 유형론(108쪽) 등이 유명하다.

특성론에는 카텔, 올포트, 빅파이브 이론(111쪽 참조) 등이 있다. 유형론과 특성론 모두 각각 장점과 단점이 있으므로 성격 분석을 할 때 참고 사항으로 생각하자.

다이어트해서 체형이 바뀐다고 해서 성격이 달라지는 것은 아니다. 그러나 '마음이 달라지면 행동이, 행동이 달라지면 습관이, 습관이 달라지면 인격이, 인격이 달라지면 운명이, 운명이 달라지면 인생이 달라진다'는 말 또한 진리이다.

크레치머와 셀던의 유형론

해설 독일의 정신의학자 크레치머와 미국의 심리학자 셸던이 제창한 이론. 체격과 성격에는 상관관계가 있다는 점에 주목하여 기질을 3타입으로 분류했다.

사용 설명서 팁 눈에 보이는 체격의 특징을 단서로 눈에는 보이지 않는 사람의 성격을 유추해보자. 둘의 유형론은 매우 유사하다.

성격과 체격에는 일정한 상관관계가 있다

독일의 정신의학자 크레치머는 많은 정신병 환자를 진찰하는 가운데 체격과 성격(기질)에 일정한 상관관계가 있음을 발견했다. 기질에는 3종의 타입이 있고 각각의 기질이 특정 체격이나 정신병과 관련이 있다고 생각했다.

크레치머
비만형

온화하고 사교적이지만 기분이 좋았다 나빴다를 반복하며 감정에 기복이 있다. 조울성 기질

셀던
내배엽형

온화하고 느긋한 사람. 사교적이지만 감정에 기복이 있다. 크레치머의 비만형(조울성 기질)에 해당한다.

크레치머
마른형

소극적이고 진지하지만 쉽게 상처 입고 비사교적인 면이 있다. 분열성 기질

셸던
외배엽형

감수성이 풍부하지만 신체가 약하고 사교성이 서툴다. 크레치머의 마른형(분열성 기질)에 해당한다.

크레치머
근육질형

착실하고 인내심이 강하다. 몰두하는 성향이 있고 다른 사람의 의견을 듣지 않는 면이 있다. 점착질 기질

셸던
중배엽형

신체도 자기주장도 강하고 활동적이지만 강제적인 면도 있다. 크레치머의 근육질형(점착질 기질)에 해당한다.

4,000명 이상의 데이터를 토대로 기질을 분류

셸던은 크레치머의 유형론이 정신병 환자의 관찰에 기초하고 있어 지나치게 관념적이라고 비판한다. 정상인 남자 학생 4,000명의 체형과 기질 데이터를 수집하고, 태아기 세포의 어느 부위가 발달해 있는가에 따라서 인간의 기질을 내배엽형·중배엽형·외배엽형의 3종으로 분류했다.

융의 유형론

해설 융이 제창한 이론으로 리비도(libido, 관능적 쾌감의 기저에 놓여 있는 가설적 에너지)가 향하는 방향에 따라서 성격을 분류한다.

사용 설명서 팁 심리적 측면에서 성격을 8종류로 분류해서 사람의 성격을 보다 세심하고 깊이 이해할 수 있다.

내향적, 사교적×4종의 기능

융은 리비도가 향하는 방향에 따라서 인간의 기질을 내향형, 외향형으로 구분했다. 또한 마음의 기능에 주목하여 사고형, 감정형, 감각형, 직감형으로 분류했다. 이들을 조합하여 인간의 성격에는 8타입이 있다고 했다.

마음의 에너지가 향하는 방향

외향형	내향형
• 마음의 에너지가 주위와 현실로 향한다 • 사교적이고 쾌활하다 • 다른 사람의 의견에 쉽게 흔들린다	• 마음의 에너지가 자신의 내면으로 향한다 • 자신의 껍질ㄹ들지 않는다

4종의 기능

사고형	감정형	감각형	직감형
• 생각하는 것이 전문이다 • 사물을 논리적으로 받아들인다	• 희노애락의 감정이 심하다 • 사물을 좋고 싫음에 따라 판단한다	• 오감이 둔하다 • 사물을 촉감과 후각 등으로 받아들인다	• 즉흥적인 것을 중시한다 • 문득 생각나는 것과 영감에 따라 행동한다

〔사고형〕

외향적
무슨 일이든 객관적으로 생각한다. 타인의 생각이라도 좋으면 받아들인다. 상식적이다.

내향적
관심이 내면을 향해 있다. 자신의 의견을 고집한다. 이론적이고 완고하다.

〔감정형〕

외향적
활발하고 감정이 풍부하다. 사교적이지만 깊이 생각하지 않는 타입. 유행을 쉽게 따른다.

내향적
감수성이 예민하고 내면의 충실을 중시한다. 겉으로는 온화해 보이지만 양보하지 않는 부분도 있다.

〔감각형〕

외향적
현실을 받아들이는 힘이 있고 인생과 생활을 즐기는 쾌락 타입. 향락적인 일면도 있다.

내향적
자기만의 감각과 감정을 갖고 있다. 주위의 이해를 얻지 못해 마음고생할 수도 있다.

〔직감형〕

외향적
즉흥적인 것을 중시하고 가능성을 믿고 추구하는 모험가 타입. 매사에 쉽게 싫증 내는 측면도 있다.

내향적
꿈을 꾸는 시인 타입. 주위 사람들과 협조하지 않고 충동적으로 행동하는 예술가 타입

성격의 특성론

해설 인간의 퍼스널리티는 몇 가지 성격이 집합된 것이라고 생각하고 각각의 정도를 수치화해서 성격의 전체상을 파악한다.

사용 설명서 팁 자신의 성격 특성 중 어떤 면이 두드러지는지를 조사해보자. 자신의 성격을 깨닫는 단서가 된다.

유형론을 보완하는 형태로 고안된 특성론

유형론은 대략적인 유형을 몇 가지인가 설정하고 다양한 인간의 성격을 각 타입에 적용해서 해석하지만 유형의 수에 한정이 있으므로 반드시 특정 유형에 적용되지 않는다는 문제가 있었다. 그래서 20세기 들어 특성론이 등장했다. 특성론은 인간의 성격은 공격성과 근면성 같은 특성의 집합체라고 보고 각 특성의 강약을 수치화해서 성격의 전체상을 파악한다.

올포트(미국의 심리학자)
사전에서 성격을 나타내는 단어 약 18,0000어를 발췌하여 성격의 특성 인자를 추출했다.

카텔(영국의 심리학자)
인자 분석이라는 수법을 이용해서 16개의 특성을 추출했다.

밝다
성실하다
친절하다

지능 · 정감 · 자아 강도 · 자기 충족 · 지배성 · 충동성 · 대담함 · 섬세함 · 공상력 · 항쟁성 · 불안 억제 · 유동적 불안 · 공공심 · 시의심 · 교활함 · 죄악감

현대의 정석 '빅파이브' 이론

특성론에서는 어느 특성을 몇 개 픽업해야 하는가 하는 문제가 있다. 지금까지도 많은 학자들이 특성의 수와 종류에 대해 여러 가지 주장을 한 바 있다. 최근에는 인간이 가진 다양한 성격을 5종의 특성을 조합해서 나타내는 빅파이브 이론이 주류를 이루고 있다.

성실성
- 향상심이 있고 노력가인가 그렇지 않은가
- 성실한가 그렇지 않은가

신경성
- 정신적인 균형이 취해져 있는가 그렇지 않은가
- 기분이 차분한가 그렇지 않은가

외향성
- 마음의 에너지가 바깥을 향하고 있는가 그렇지 않은가
- 쾌활, 활발함 대인 관계에 적극적인가 그렇지 않은가

개방성
- 새로운 경험과 지식에 관심을 갖고 있는가 그렇지 않은가
- 호기심이 왕성한가 그렇지 않은가
- 독창성이 있는가 그렇지 않은가

친화성
- 주변에 맞춰 원활한 인간관계를 구축할 수 있는가 그렇지 않은가
- 타인에 대해 친절함과 배려심이 있는가 그렇지 않은가

5가지 특성 인자의 강약으로 퍼스널리티를 파악한다

여러 가지 성격 테스트

해설 성격 테스트란 성격을 진단하거나 퍼스널리티를 판단하기 위한 심리 검사를 말한다. 주로 질문지법, 투영법, 작업검사법으로 분류된다.

사용 설명서 팁 자신도 모르는, 무의식에 있는 자신의 성격을 알 수 있다. 기업의 면접이나 인사 평가에도 활용되고 있다.

숨겨진 성격을 객관적으로 안다

성격 테스트는 그 사람의 성격이 어떤지를 판단하기 위해 시행된다. 테스트 이외에는 면접이나 행동 관찰 같은 방법이 있지만, 이 방법들은 면접관이나 관찰자의 주관에 좌우되는 부분이 크다. 따라서 객관적으로 판단할 수 있는 성격 테스트가 개발됐다.

★ 질문지법 : 야타베-길포드 성격 검사(YG 테스트)

야타베-길포드 성격 검사에서는 12가지 성격 특성을 토대로 이들 특성 중 어느 것을 강하게 갖고 있는지를 조사하는 방법으로 검사자가 5가지 유형의 어디에 가까운지를 판단한다. 종이에 적힌 질문에 피험자가 대답한 것을 수치화하는 방식인데, 의도적으로 거짓말을 답하면 의미가 없다는 약점이 있다.

야타베-길포드 성격 검사

'결단력은 있는 편이다', '좋지 않은 말을 들으면 마음에 두는 편이다' 등의 질문에 '예, 아니오, 어느 쪽도 아니다'의 선택지에서 답할 수 있다.

★ 야타베-길포드의 성격 특성

① 우울증 성향	소극적, 비관적, 죄책감이 강하다
② 회귀성 경향	기분 변화가 심하다, 잘 놀란다
③ 열등감의 강약	자신감, 부적응성
④ 신경질적	불안, 노이로제 경향
⑤ 객관성 결여	공상적, 주관성
⑥ 협동심 결여	불만 정도, 사람에 대한 신뢰감
⑦ 붙임성이 없다	공격성, 사회적 활동성
⑧ 일반적 활동성	활발한 성질, 운동을 좋아하는가의 여부
⑨ 태평함	가벼움, 충동성
⑩ 사고적 외향	비숙고성, 반성하지 않는 경향
⑪ 지배성	지도력, 리더십
⑫ 사회적 외향	대인관계 성향

그, 그러니까

★ 투영법 : 로르샤흐 테스트와 바움 테스트

애매한 질문이나 자극을 피험자에게 주고 어떤 대답이나 반응을 보이는 지를 분석하는 방법. 피험자가 의식하지 못하는 측면이 투영된다는 개념에 기초하고 있다. 대답을 의도적으로 변조하기 어려운 이점이 있지만 해석하는 사람의 기량이 요구된다.

★ 로르샤흐 테스트

좌우대칭을 이루는 잉크의 얼룩을 보면 무엇이 보이는가, 어느 부분이 그렇게 보였는가, 왜 그렇게 보였는가를 떠오르는 대로 대답한다.

★ 바움 테스트

나무를 그리게 한 후 나무의 모양을 보고 피험자의 성격과 심리를 읽어낸다. 나무가 굵으면 자신감이 있다는 증거라고 평가한다.

타입 A와 타입 B

해설 경쟁심이 강하고 공격적이며 화를 잘 내고 성급한 사람의 성격 특성을 가리킨다. 미국의 의사 프리드만과 로젠만이 이러한 성격의 사람들은 심장질환에 걸리기 쉽다고 생각하고 타입 A라고 명명했다.

사용 설명서 팁 성격과 특정 질병에는 관련성이 있다는 점에 주목하자. 당신은 괜찮은가? 주위 사람들도 돌아보고 해당하는 사람은 적절하게 휴식을 갖도록 하자.

심장병에 주의!

프리드만은 심장질환자의 병원 대기실에 놓인 의자의 앞부분이 유독 빨리 닳는 것에 주목했다. 관찰 결과 심장질환자는 의사가 부르면 바로 일어날 수 있도록 의자에 가볍게 걸터앉아 초조한 모습으로 기다리기 때문에 의자 앞부분이 빨리 닳는다는 것을 알아냈다. 실제로 경쟁심이 강하고 성급한 성격 경향이 강한 사람은 스트레스가 쌓이기 쉬워 혈관·심장 관련 질병에 걸리기 쉽다고 한다.

타입 A의 성격 특징

- 목표 달성에 강한 의욕을 갖고 있다
- 경쟁심이 왕성하다
- 야심이 있다
- 항상 시간에 쫓긴다
- 성급하고 초조해 한다
- 신경과민에 경계심이 강하다

타입 A의 행동 특징

- 말을 빨리 한다
- 안절부절못하고 많이 움직인다
- 식사 속도가 빠르다
- 한 번에 많은 일을 처리하려고 한다
- 타인에 대해 돌발적인 태도를 취한다
- 신경질적이다

| 대조적인 타입 B

타입 A와는 대조적으로 내향적이고 느긋하며 눈에 띄지 않고 화를 잘 내지 않는 성격 경향을 타입 B라고 부른다. 실제로는 경쟁심을 전면에 드러내지 않는 타입 B가 리더의 소질이 있고 아이러니하게도 타입 A보다 출세에 유리하다는 연구 결과도 있다.

타입 B의 성격 특징

- 자기 방식을 고수며 느긋하다
- 온화하고 화를 잘 내지 않는다
- 친화성이 있다
- 내향적이고 눈에 띄지 않는다

여러 가지 지능 검사

해설 지능을 측정하기 위한 심리 검사를 말한다. 대표적인 지능 검사에는 비네식 지능 검사와 웩슬러식 지능 검사가 있다.

사용 설명서 팁 지능 검사는 장애가 있는 아이를 조기에 찾아내 교육적 대응을 목적으로 개발됐다. 병원 등의 전문기관에 가면 유료로 검사를 받을 수 있으므로 관심 있는 사람은 찾아가보자.

지능을 측정한 첫 시도

1905년 프랑스의 심리학자 비네(141쪽)는 지적 장애를 가진 아이를 발견하기 위해 의사 시몬의 협력을 얻어 지능 검사법을 고안했다. 이로써 비네는 지능 검사의 아버지라 불리게 된다.

참고로 창의력을 알아보는 토란스 TTCT 검사는 언어 검사와 도형 검사로 진행된다.

비네와 시몬은 특정 연령 아이의 대다수가 정답을 맞추고 그보다 아래 연령의 아이가 정답을 맞추지 못하는 문제가 있다는 점에 주목하고, 각각의 연령 단계에 대응하는 문제 리스트를 만들었다. 이후 비네식 지능 검사는 미국으로 건너가 아이가 몇 살까지의 문제를 풀 수 있는가에 따라서 정신연령(MA)을 산출하고 지능을 지능지수(IQ)로 나타내는 개념을 도입하게 됐다.

문제 예(실제의 검사와는 다르다)
- 그림 카드를 보이고 이름을 답하게 한다(3세)
- 단어와 문장을 읽은 후 그대로 따라 하도록 한다(4세)

웩슬러식 지능 검사

비네식 지능 검사가 아이의 발달 장애 여부를 판별할 목적으로 만들어졌다면 성인의 지능의 질 차이를 조사하기 위해 만들어진 것이 웩슬러식 지능 검사이다. 미국의 심리학자 웩슬러(141쪽)가 1939년에 발표했다. 지능을 언어성 지능과 동작성 지능의 두 영역으로 구분하는 것이 특징이다.

카드와 같은 모양의 도형을 나무블록으로 만드는 검사(동작성 지능 검사)

언어성 지능

- **지식** : 경험이나 학습으로 얻은 지식을 측정한다
- **공통성** : 사물 간의 유사성을 깨닫는가의 여부를 말한다
- **어휘** : 알고 있는 언어의 어휘 수를 측정한다
- **이해** : 일반상식과 일상생활에 대한 지식을 측정한다
- **산수** : 계산 문제를 풀고 산수의 기초 이해도를 측정한다
- **숫자 외우기** : 읽은 숫자열을 기억하고 대답한다 등

동작성 지능

- **회화 완성** : 미완성 그림을 보이고 빠져 있는 부분을 완성시킨다
- **회화 배열** : 공통의 특징을 가진 그룹을 분류한다
- **블록 모색** : 견본에 제시된 모양을 블록을 조합해서 만든다
- **행렬 추리** : 나열된 그림 중에서 법칙성을 찾아내 이어지는 그림을 선택지
  에서 선택한다
- **조합** : 몇 매의 종이 조각을 조합해서 형태나 모양을 만들어낸다
- **부호** : 도형과 세트로 돼 있는 숫자를 신속하게 외운다 등

웩슬러식 지능 검사에는 다음의 종류가 있다.
- WPPSI(유아용)

- WISC(아동용)

- WAIS(성인용)

IQ

(Intelligence Quotient)

해설 지능지수를 말한다. 지능 검사 결과를 수치로 나타내어 IQ가 높을수록 지능이 높고 낮을수록 지능이 낮다고 판단한다.

사용 설명서 팁 일반적으로 흔히 말하는 'IQ가 높다'라는 말은 무엇을 뜻하는지, 다시 이해하자. 당신 주변 사람의 IQ는 얼마일까.

IQ가 높으면 정말로 머리가 좋은가?

지능지수를 산출하는 방법에는 생활연령(실제 연령 CA)과 정신연령(지능 연령 MA)의 비로 나타내는 기존의 방법(IQ)과 동 연령 집단의 표준점수를 기준으로 한 방법(DIQ)이 있다. 연령별로 문제를 작성하고 대답을 한 문제에 따라서 정신연령(MA)을 할당하여 실제의 연령(CA)과의 비로 지능지수(IQ)를 할당한다.

$$IQ = 정신연령(MA) \div 생활연령(CA) \times 100$$

역사상 유명인들의 IQ를 추정한 사이트도 있다.
IQ가 300 이상인 사람도 있다고 한다.

동일 연령 집단 내의 수치 'DIQ'

예를 들면 5세의 아이가 10세의 문제까지 풀 수 있으면 정신연령은 10세에 IQ는 200이 되는데, 일반적인 IQ100인 10세아와 지능이 동등하다는 얘기이다. 기존의 IQ 수치는 지능의 발달 수준이 빠르다는 것을 의미하고 단순하게 숫자를 비교한 것이어서 천재라고는 말할 수 없다. 그래서 동일 연령 집단의 편차치를 규준으로 한 방법(DIQ)이 고안됐다. 현재는 이 방법이 주로 사용된다.

지능지수는 80% 유전된다!?

지능은 유전과 환경 중 어느 쪽의 영향을 더 크게 받을까. 일란성과 이란성 쌍둥이를 연구하는 쌍둥이연구법과 혈연으로 조사하는 가계연구법 등의 방법에 의해 연구가 진행되고 있다. 미국의 교육심리학자 젠센은 지능은 80% 유전된다고 주장하여 큰 논쟁을 불러일으켰다.

80%라는 것은 지나칠지 모르지만 당연히 지능은 유전에 영향을 받는다. 특히 공간성 지능, 논리성 추론 능력은 유전의 가능성이 더 높다고 한다.

한편 교육 환경 역시 지능에 영향을 준다. 아이에 대해 강제적인 부모보다 수용적인 부모 밑에서 자란 아이의 지능은 더 높고 자극이 많은 환경에서 자란 아이의 학습 능력이 높다고 한다.

심리적·행동적 형질에 기여하는 유전과 환경의 영향

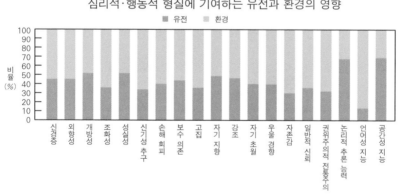

Ando de el.〔2004〕; Kamakura et al.〔2007〕; Ono et al.〔2002〕; 시키시마 등〔2006〕〔2008〕; Shikishima et al.〔2006〕〔2009〕; 안도 주코 『유전자 마인드』(有斐閣) p.53에서

EQ
(Emotional Intelligence Quotient)

해설 EQ는 자신과 타인의 감정을 이해하고 또한 자신의 감정을 조절하는 지능의 힘을 측정하는 지표. 마음의 지능지수라고도 한다.

사용 설명서 팁 유전적 요소가 많은 IQ와 달리 EQ는 노력과 생활 습관에 의해서 높일 수 있다고 알려져 있다.

IQ 편중주의에 맞서 생겨났다

일반적으로는 IQ가 높을수록 머리가 좋고 지성이 높다고 여기는 경향이 있다. 그러나 검사로 측정할 수 있는 것은 지능의 극히 일부이며 IQ가 높다고 해서 사회적으로 성공할 수 있다고는 단정할 수 없다. 그래서 마음의 지능지수(EQ : Emotional Intelligence Quotient) 개념이 강조되고 있다.

과장과
○○씨
불륜이라는데

이거 좀 봐,
다크서클

힘들었어~

EQ가 높은 사람의 습관

1. 타인의 상황에 휘둘리지 않는다
2. 불평을 말하지 않는다
3. 무엇이든 할 수 있다고 말하지 않는다
4. 남의 뒷말을 하지 않는다
5. 행복도 신용도 자기 하기 나름이라고 생각한다
6. 부정적인 이야기를 하지 않는다
7. 과거를 돌아보지 않는다

감정을 잘 조절하고 이용하는 것 또한 능력이다. EQ가 높으면 사회적으로도 높이 평가받는다.

여러 가지 콤플렉스

해설 정신의학·심리학 용어로 복합적인 감정을 말한다. 다시 말해 무의식중에 억압된 여러 가지 감정이 뒤섞인 상태이다.

사용 설명서 팁 마더 콤플렉스, 파더 콤플렉스 등 일상적으로 사용되는 콤플렉스라는 단어를 깊이 이해하자.

열등감만이 콤플렉스가 아니다

스위스의 정신의학자 오이겐 블로일러가 제기하고 융이 명명한 개념이다. 어느 한 감정과 다른 감정이 복잡하게 얽힌 상태를 가리킨다. 일반적으로 열등감이라는 의미로 사용되는 일이 많지만, 이것은 열등 콤플렉스(inferiority complex)라는 의미로 여러 가지 콤플렉스 중 하나에 지나지 않는다. 콤플렉스에 대해서는 조사하면 조사할수록 새로운 사실이 드러난다. 그만큼 사람은 콤플렉스를 떠안고 사는 생물일 것이다. 여러 가지 콤플렉스 가운데 대표적인 것을 소개한다.

마더 콤플렉스

어른이 된 남성이 연령에 맞지 않는 형태로 모친과의 의존 관계를 지속하는 상태. 또한 그 의존 관계에 의문과 갈등을 느끼지 않는다. 과보호로 기른 남성에게서 나타나는 증상이라고 하는데 남자는 모두 많든 적든 마더 콤플렉스라고도 할 수 있다.

파더 콤플렉스

엄격한 부친 아래에서 애정 표현을 받지 못
한 채 성장한 딸이 그 부족함을 메우기 위해
부친적인 것을 동경하고 추구하는 상태. 결혼
상대나 교제 상대로 부친과 비슷한 남성을 선
택하는 경향이 있다는 설(218쪽)도 있다.

브라더(시스터) 콤플렉스

남성 형제나 자매에 대해 연애 감정을 갖거나
자신의 것으로 만들고 싶어 하는 독점욕을 갖
는 것. 남동생(여동생)이 태어남으로 인해 더
이상 자기중심이 아니게 된 형(언니)이 상대
를 지배함으로써 불안을 해소하는 것이라고도
한다.

카인 콤플렉스

형제자매간 마음의 갈등과 경쟁심, 질투심을
말한다. 구약성서에 나오는 카인과 아벨의 이
야기를 따서 이름 붙였다. 동생 아벨을 질투
한 형 카인은 동생을 죽이고 추방된다.

오이디푸스 콤플렉스

아들이 어머니를 손에 넣고 싶은 생각에 아버
지에게 강한 반항심·적대감을 갖는 유아기의
억압된 심리. 그리스의 비극 『오이디푸스왕』
에서 유래한다. 프로이트가 제창한 개념이다.

시스터 콤플렉스

이성의 형제자매에 대해 갖는 성애의 감정이 억압된 것. 근친상간을 상기시키는 금기이기 때문에 억압된 갈등이 콤플렉스가 된다.

신데렐라 콤플렉스

여성이 남성에 대해 높은 이상을 추구하여 타인에게 신세를 지거나 의존하고 싶은 잠재적인 원망에 휩싸여 정신적으로 제대로 자립하지 못한 상태. 백마를 탄 왕자가 자신의 인생을 바꾸어 줄 거라고 기대한다.

백설공주 콤플렉스

어릴 적 학대를 받은 모친이 자신의 딸을 학대하는 심리 상태. 학대로 이어지는 콤플렉스는 다음 세대에도 연쇄적으로 나타날 수 있으므로 주의가 필요하다. 자신이 겪은 기억이 있다면 거절하는 용기도 갖기 바란다.

롤리타 콤플렉스

성인 남성이 유아 여자와 소녀를 상대로 억압된 성적 기호와 연애 감정을 갖는 것. 러시아의 작가 블라디미르 나보코프의 소설 『롤리타』에서 이름 붙였다.

쇼타로 콤플렉스

소년이나 어린 남자 아이에게 갖는 성애와 집
착을 말한다. 『철인28호』*의 주인공 가네다
쇼타로(金田正太郎)의 이름에서 유래한다. 줄
여서 쇼타콘이라고 한다.

다이애나 콤플렉스

남성이 되고 싶어 하는, 여성의 감추어진 남
근선망을 표현하는 심리학 용어. 여성의 '남
성에게는 지고 싶지 않다'는 감정을 말한다.
로마신화에 등장하는 사냥꾼과 달의 여신에서
유래한 이름이다. 남성 사회에서 활약하는 여
성에게는 필요할지도.

카멜리아 콤플렉스

곤경에 빠진 여성을 보면 상대의 의지와 상관
없이 자신이 구해내고 싶다고 생각하는 남성
의 심리. 카멜리아란 동백나무를 말한다. 『춘
희』의 히로인이 창녀로 일했던 것에서 유래
한다. 상대에게 쓸데없는 간섭을 하지 않도록
하자.

2차원 콤플렉스

애니메이션과 만화의 미소녀 2차원 캐릭터에
대해서만 성적 기호와 연애 감정을 품는 상태
를 말한다.

---

*철인 28호 : 요코야마 미쓰테루의 만화 작품 『철인 28호』 및 그 파생 작품에 등장하는 가상
　　　　　의 로봇

열등감과 우월감

해설 열등감이란 다른 사람보다 뒤떨어진다고 느끼는 것. 그렇다고 실제로 뒤떨어지는 것은 아니다. 심리학자 알프레드 아들러(243쪽)는 열등감을 지나치게 보상하려고 하다 보면 많은 신경증이 일어난다고 했다.

사용 설명서 팁 열등감은 반드시 나쁜 것만은 아니다. 그것을 극복하고자 노력하는 것이 중요하다고 아들러는 강조한다.

불건전한 열등 콤플렉스

아들러는 열등감과 열등 콤플렉스를 명확하게 나누어 생각했다. 열등 콤플렉스란 열등감을 중심으로 부정적인 감정이 얽힌 상태로, 극복하지 않고 도망가는 것을 가리킨다. 아들러는 열등감을 갖는 것은 건전하며 그것을 극복하여 성장하고자 하는 것이 인간의 근원적인 욕구라고 말했다(우월성 추구).

분하다!!

열등감을 갖고 우월감을 추구하는 것은 인간을 움직이는 힘이 되기도 한다.

우월감과 우월 콤플렉스

마찬가지로 우월감은 자신이 남보다 뛰어나다고 생각하는 감정이지만 우월 콤플렉스는 열등감을 감추고 지나치게 자신을 크게 보이려고 하는 상태이다.

사람을 바보로 만들거나 과잉 자만하거나 난폭하게 구는 행동은 우월 콤플렉스에 의한 것이다.

불행 자만도 우월 콤플렉스

불행한 이야기나 열등감을 굳이 입 밖으로 꺼내서 말하는 불행 자만도 주목을 받고 싶고, 동정을 얻고 싶어 하는 우월 콤플렉스의 하나라고 할 수 있다.

열등 콤플렉스와 우월 콤플렉스에 빠지지 않고 열등감을 잘 다루어 성장의 밑거름으로 삼는 것이 중요하다.

제
3
장

자신을 알기 위한 힌트

조하리의 창

해설 자신이 알고 있는 자신과 타인이 알고 있는 자신을 4카테고리(창)로 나누어 타인과의 관계성을 보다 깊이 이해하는 자기 분석 방법. 자신을 아는 수단이 된다.

사용 설명서 팁 자기개방으로 비밀의 창을 좁히고 다른 사람의 의견을 수용하여 맹점의 창을 좁힐 수 있다면 보다 개방의 창이 넓어진다.

자신은 알고 있다

타인은 알고 있다

★ 개방의 창

자신도 타인도 알고 있는 자신. 오픈되어 있어 자타 모두 인정하는 자신을 말한다

타인은 알지 못한다

★ 비밀의 창

자신은 알고 있지만 타인은 모르는 자신. 남에게 감추고 있는 비밀과 겉으로 드러나지 않은 성격 등

자신이 모르는 자신을 알자

미국의 심리학자 조셉 루프트와 해리 잉햄이 제안한 모델로 두 사람의 이름을 조합해서 조하리의 창이라고 명명했다. 자신이 알고 있는 자기, 자신이 모르는 자기, 타인이 알고 있는 자기, 타인도 모르는 자기를 격자 모양으로 4종의 창으로 분류해서 분석한다. 인간관계에 적응하지 못하는 사람일수록 '비밀의 창'과 '맹점의 창'이 커지는 경향이 있다. '개방의 창'을 넓히도록 노력해서 주위 사람들에게 자신을 이해시키자. 그렇게 하면 인간관계의 고민도 해소될 것이다.

자신은 알지 못한다

★ 맹점의 창

자신은 알아차리지 못하지만 타인은 알고 있는 자기 . 자신은 의식하지 못하는 버릇이나 타인이 본 성격 등

★ 미지의 창

누군가에게 아직 알려져 있지 않은 자기. 무의식의 영역과 억압된 자기, 묻힌 재능 등

아이덴티티

해설 심리학자 에릭슨이 제창한 개념으로 자기동일성을 말한다. 자신이란 무엇인가, 어떻게 살아야 하나? 등의 문제에 고민하고 대답을 이끌어내고 '이것이 진정한 자신이다'라고 실감하는 것을 아이덴티티의 확립이라고 부른다.

사용 설명서 팁 사람은 어떻게 해서 '자신은 자신이다'라고 실감하는지를 생각해 보자. 당신은 아이덴티티가 확립되어 있는가?

진정한 자신이란 무엇인가

청년기는 사회인이 되기 위한 준비 기간이며 자신이란 무엇인가, 장래는 어떻게 하면 되는가, 무엇이 되고 싶은가 등 많은 고민을 안고 있는 시기다. 이 질문에 자신 나름의 대답을 찾아내고 아이덴티티를 확립한다. 그러

**슈퍼의
직업적 발달 단계**

아이덴티티의 확립에 일은 크게 영향을 미친다. 사회와 자신을 연결하는 중심은 일이기 때문이다. 미국의 심리학자 도널드 슈퍼의 이론을 소개한다.

**성장 단계
(0~14세)**
일과 직업에 대해 흥미를 갖고 되고 싶은 것과 실현 방법을 생각하기 시작한다.

**모색 단계
(15~24세)**
다양한 직업을 알게 되고 실제로 일해 보고 자신에 맞는 일을 찾아내는 시기이다.

나 이후 라이프스테이지의 변화 등으로 한 번 확립된 아이덴티티가 흔들리므로 재구축해야 한다.

　에릭슨은 특히 아이덴티티의 확립은 청년기에 겪는 최대의 발달 과제라고 했다. 사춘기에서 청년기에 걸쳐서는 신체가 급격히 성장하고 마음도 불안정하여 아이덴티티의 위기를 맞이한다. 그래서 자신이란 무엇인가를 생각하기 시작한다고 한다.

　이 시기의 많은 사람이 학생 신분으로 아이덴티티를 모색할 시간이 있다. 이것을 에릭슨은 모라토리움이라고 불렀다.

　모라토리움 시기에 아이덴티티를 제대로 구축하지 못해 무엇을 해야 할지 모르는 사람이 니트*와 프리터*가 될 가능성이 높다고 한다. 자신과 마주하는 시간을 제대로 만드는 것이 중요하다.

*니트(neet) : 학생이나 취업자가 아니면서 직업 훈련도 받지 않는 청년
*프리터(freeter) : 프리랜서와 아르바이트의 합성어

**확립 단계
(25~44세)**
특정 직업 분야에 뿌리를 내리고 자신의 위치를 굳히기 시착하는 시기이다.

**유지 단계
(45~64세)**
확보한 지위를 유지하는 동시에 새로운 스킬의 획득을 모색하는 시기이다.

**쇠퇴 단계
(65세 이후)**
여가를 즐기고 가족과 지내는 시간이 는다. 제2의 인생을 맞이하는 시기이다.

중년기의 아이덴티티 위기

해설 인생이 후반에 접어들면 쇠퇴와 한계를 느끼는 동시에 자신의 인생이 이대로 좋은가 하고 삶을 되돌아보게 된다. 이것이 중년기 아이덴티티의 위기이며 중년기 크라이시스라고 불린다.

사용 설명서 팁 다양한 스트레스를 떠안고 있는 중년기의 사람은 다른 연령에 비해 자살자가 많다. 고민에 잘 대처하는 방법을 찾아보자.

중년기 위기를 극복한다

중년기는 인생의 전환기. 융은 이 연대를 인생의 정오라고 불렀다. 체력의 쇠퇴와 폐경 등의 신체적 변화, 업무상의 한계를 느끼는 등의 사회적 변화, 어린이의 부모 이탈과 부부 관계 등의 가정적 변화 등 다양한 문제에 노출되어 중년기 우울이 발증하는 경우도 있다.

옆집
○○씨는
말이야!

아~
늘어지네

능력이나 체력이 쇠퇴, 한계를 느낀다. 신체적으로도 사회적으로도 변화가 찾아온다.

자신의 인생을 긍정한다

융은 중년기 위기를 생의 전환기라고 부르고 지금까지 깨닫지 못한 문제에 직면하여 변화를 모색하는 것은 오히려 정상이라고 말했다. 중년기 위기에 의해서 흔들린 아이덴티티를 재구축하기 위해서는 우선 지난 인생을 돌아보고 사실을 받아들이며 타인과 비교하지 않고 다시금 인생의 새로운 목표를 찾아내는 것이 중요하다.

중년기 위기를 극복하면 인생의 시계가 확 넓어진다. 누구나 통과하는 발달 문제의 하나라고 생각하면 지나치게 고민하지 않고 조금은 마음이 가벼워질 것이다. 무엇보다 좋지 않은 것은 생각이 고착되는 것이다.

남과 비교하지 않는다

정보가 넘치는 가운데 때로는 사난하는 것도 뭉뇨아나.

지금까지의 인생을 받아들인다

살아있는 것만으로도 공짜로 머는 것(눈이닉). 뉘노 아래도 보지 않고 현재를 긍정적으로 받아들이자.

새로운 삶의 방식을 모색한다

음악, 서핑 등 지금까지 하시 않았던 슬거붐을 샻아보자.

제3장

자신을 알기 위한 힌트

고령기의 아이덴티티

해설 일본의 65세 이상 고령자 인구는 역대 최고인 3,392만 명(2015년)*을 기록, 총 인구의 26.7%를 차지한다. 2060년에는 약 2.5명에 1명이 65세 이상인 고령사회가 도래한다고 한다.

사용 설명서 팁 태어난 이상 누구나 늙는다. 기억력이 감퇴하고 체력이 떨어져 쇠약해지며 중요한 사람을 잊어버리는 슬픔과도 마주해야 한다. 그러나 연령효과(age effect)가 있기 때문에 염려하지 않아도 될지도!?

사람은 늙으면 소실을 극복하고 적응할 수 있는 생물

연령효과란 나이를 먹음에 따라 심리적으로 적응하는 것을 말하며 사람은 상황과 환경에 맞추어 행동과 생각을 바꿀 수 있다고 한다. 젊어서 부정적이었던 남성도 감정이 부드러워지고 여성은 긍정적인 감정이 점점 늘어

나이를 먹으면 계절의 변화에 민감해지고 화조풍월(花鳥風月)을 사랑하게 된다.

*통계청 발표에 따르면 우리나라는 2018년 기준 65세 이상 인구가 738만 1,000명으로 집계됐고, 2060년에는 65세 이상 인구가 전체 인구의 41%를 차지할 것으로 예상된다.

간다고 한다. 15년 이상의 긴 고령기도 상황에 따라서 적응해 가면 충실한 여생이 될 것이다.

▌ 한정된 시간을 생각하면 긍정적이 될 수 있다

고령기가 되면 다음 세대를 육성하고 자신의 지식과 기술을 전수하고 싶은 기분이 든다. 심리학 용어로 세대성의 발달이라고 한다. 늙어서 더욱 사람은 발달하는 것이다. 세대성이 충실하면 할수록 사람은 행복해질 수 있다고 한다.

대나무 잠자리는
이렇게 만든단다

할아버지
대단해!

○○씨
건강하네요!

피부 윤기가
남다르네

행복하게 늙는 것을 성공적 노화(successful aging)라고 부른다. 이를 위해 중요한 것이 주관적인 행복감이다. 지나간 과거 내지 타인과 비교하지 않고 지금의 행복을 있는 그대로 느낀다. 그러려면 후진 양성, 가족과 친구, 지인들과의 인간관계와 지원이 중요하다. 다른 사람과 교류가 많은 사람일수록 자신의 인생이 가치 있었다고 느낀다.

제3장

자신을 알기 위한 힌트

죽음을 받아들인다

해설 죽음을 받아들이는 것은 인생 최후의 과제다. 오래 살면 살수록 주위의 죽음을 많이 겪어 소실감과 동시에 자신의 죽음이 현실로 다가온다. 어떠한 마음가짐으로 임하면 좋을까.

사용 설명서 팁 죽음을 기다리는 사람에게는 회상법(303쪽)이, 남겨진 가족에게는 비탄 원조(grief care)가 유효하다. 자랑스러운 임종을 맞이하기 위한 방법을 알아본다.

죽음의 5단계

정신과의 퀴블러 로스(139쪽)는 여명을 선고받은 사람이 어떠한 과정을 거쳐 죽음을 수용하는지를 연구했다. 수용하기까지는 가족의 서포트가 필요하고 자신은 사랑받고 있다, 가치 있는 인생이었다고 실감하는 것이 중요하다.

1. 부정
자신이 죽을 리가 없다고 충격을 받아 부정한다.

2. 분노
왜 내가 죽느냐며 말도 안 된다!라고 주위 사람들에게 감정을 표출한다.

3. 타협
어떻게든 죽음에서 벗어나고자 신을 의지하기도 한다.

4. 우울
모든 노력이 소용없음을 알고 절망감에 시련을 겪는다.

5. 수용
받아들이고 차분한 기분으로 죽음을 기다린다.

할아버지 덕분에 대학 졸업했어요!!

| 회상과 비탄 원조(grief care)

여명을 선고받은 사람에게는 회상법이 도움이 된다. 자신의 인생을 있는 그대로 받아들일 수 있도록 옛날이야기를 들어주거나 감사의 기분을 표현한다.

한편 보내는 입장에 있는 사람에 대한 지원도 중요하다. 이때는 비탄 원조가 필요하다. 남겨진 사람으로서 후회하는 기분이 가벼워질 수 있도록 배려한다.

★ 회상법

죽음을 기다리는 사람에게는 인생을 뒤돌아보고 자신의 인생이 풍요롭고 가치 있는 것이었다고 느끼도록 한다. 죽음에 대한 불안도 가벼워질 것이다. 자세한 내용은 303쪽에서 설명한다.

할아버지 저래 봬도 잘생겼었지

★ 비탄 원조

남겨진 가족 중에는 후회와 자책으로 고통을 받는 사람이 많다. 바싹 따라붙어서 기분전환을 시켜 주는 등 혼자서 슬픈 생각에 빠지지 않도록 주위 사람들이 돌봐준다.

할머니 쇼핑가자 ~♥

기질이 성격을 좌우한다

에른스트 크레치머
Ernst Kretschmer (1888~1964)

독일의 의학자이자 정신과 의사. 사람의 기질을 연구하고 성격 유형론을 제창했다. 성격을 관장하는 것은 기질이라고 생각하고 체형과 기질이 결부된 3유형이 있다고 했다. 또한 저서 『천재의 심리학』에서는 종종의 다양한 천재들을 사례로 들어 광기와 천재의 관계를 설명했다.

정신질환을 계통적으로 분류·정의

에밀 크레펠린
Emil Kraepelin (1856~1926)

독일의 정신과 의사. 실험심리학의 아버지로 불리는 빌헬름 분트 아래에서 심리학 연구를 시작했다. 정신의학 교과서 작성에 힘을 썼으며 조발성 치매를 비롯한 다양한 정신질환을 분류·정의했다. 그의 작업 곡선 연구는 우치다-크레펠린 검사(크레펠린 검사)의 원형이 됐다.

죽음의 수용 프로세스를
5단계로 분류

엘리자베스 퀴블러 로스

Elisabeth Kübler-Ross (1926~2004)

스위스 출신의 정신과 의사. 죽음에 이르는 프로세스에 관심을 갖고 죽음을 테마로 20권의 책을 저술하고 죽음의 수용 프로세스를 5단계로 분류했다. 또한 죽음을 앞둔 환자를 위한 시설을 사재를 털어 개설했기 때문에 그녀의 운동은 호스피스 운동의 효시로도 여겨지고 있다.

정신질환은 문화·사회의
영향을 받는다

해리 스택 설리반

Harry Stack Sullivan (1892~1949)

미국의 정신분석가이자 정신과 의사로 신 프로이트파에 속한다. 문화적 작용이 정신질환에 영향을 미친다는 상호관계에 기초한 심리학적 이론을 발전시켰다. 그는 문화인류학자를 비롯해 폭넓은 연구자와 교류를 갖고 관여하는 과정에서 관찰한 내용을 자신의 치료 과정에 도입했다.

여성성은
놓칠 수 없다 !

카렌 호나이
Karen Horney (1885~1952)

독일 태생의 정신과 의사. 신 프로이트파로 프로이트 심리학의 남성 중심적인 부분을 비판하고 페미니스트 심리학을 창설했다. 또한 신경 증을 연구하고 신경증이 있는 사람이 가진 욕구를 10가지로 분류했다.

심리학을 이용하면
사회를 분석할 수 있다

에리히 제리히만 프롬
Erich Seligmann Fromm (1900~1980)

독일의 심리학자. 프랑크푸르트학파에 속하고 신 프로이트파로서 프 로이트 이후의 정신분석학 수법을 널리 사회 분석에 응용했다. 주요 저서인 『자유로부터의 도피』에서는 파시즘이 사회에서 어떻게 생겼는 지를 논했는데, 이는 정치심리학의 계기로 평가받는다.

지능을 테스트해보지
않겠는가

알프레드 비네

Alfred Binet (1857~1911)

프랑스의 심리학자. 지능 검사의 창시자로 알려져 있으며 세계에서 최초의 지능 검사인 비네-시몬 지능 검사를 의사인 시몬과 공동으로 완성했다. 아동심리와 교육심리 연구에 큰 영향을 미쳤다.

지능과 행동에는
지능 이외의 요인이 있다

데이비드 웩슬러

David Wechsler (1896~1981)

루마니아 태생의 유대계 미국인 심리학자. 지능 검사 연구로 유명하며, 특히 아동용 웩슬러 지능 검사와 웩슬러 성인 지능 검사 같은 지능 검사를 개발하고 발전시켰다. 지능 행동에서 협의의 지능(언어성 지능) 이외의 요인도 중시하고 비네의 지능 검사에 반대 의견을 제시했다.

제4장
상대를 알기 위한 힌트

사람은 혼자서는 살아갈 수 없는 한편 인간관계를 맺고 살기 때문에 고민도 따르기 마련이다. 이번 장에서는 상대의 말이 아닌, 다른 수단으로부터 발신되는 메시지, 무의식에서 생겨나는 상대의 행동, 자란 환경에 따른 성격 특성 등을 소개한다. 사람과의 커뮤니케이션을 보다 원활하게 하기 위한 팁을 얻기 바란다.

비언어적 커뮤니케이션

해설 사람은 언어뿐 아니라 표정이나 행동 등 언어를 사용하지 않는 비언어적 커뮤니케이션을 수행하고 있다. '눈은 입보다 더 많은 말을 한다'는 말이 있듯이 비언어적 커뮤니케이션에 담긴 내용을 상대는 신경쓰고 있다.

취급 설명서의 팁 대인관계의 모든 장면에서 언어 이외에 표정과 복장, 상대와의 거리감에 주의를 기울이다면 관계가 개선될 것이다.

불안한 기분은 그대로 전달된다

사람의 인상은 무엇에 의해서 결정되는지를 알아보는 실험에 따르면 언어가 주는 인상이 7%, 말하는 방법이나 음질이 38%, 표정과 태도 등이 55%라고 한다. 이야기의 내용 이상으로 당신의 몸짓과 표정이 중요하다.

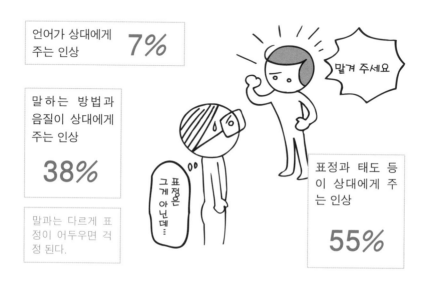

언어가 상대에게 주는 인상 7%

말하는 방법과 음질이 상대에게 주는 인상 38%

말과는 다르게 표정이 어두우면 걱정된다.

말겨 주세요

표정은 그게 아닌데…

표정과 태도 등이 상대에게 주는 인상 55%

몸짓에서 알 수 있는 심리

상대가 자신을 어떻게 생각하고 있는가는 몸짓(행동)을 관찰하면 많은 힌트를 얻을 수 있다.

눈을 치켜뜨고 보는 사람

반론이 있거나 간악한 일을 생각하고 있을지 모르므로 요주의해야 한다.

팔짱을 끼고 있는 사람

자기 방어와 거절의 신호. 경계심이 강하고 자기중심적 사람에게서 많이 보인다.

빤히 바라보는 사람

자신에게 자신감을 갖고 있다. 자신감이 넘칠 때는 눈을 피하지 않는다.

눈을 외면하는 사람

자신의 말에 자신감이 없는 사람. 두려워하고 있을 때도 흔히 보이는 반응이다.

손가락으로 테이블을 치는 사람

화가 나 있거나 초조한 상태이다.

호쾌하게 웃는 사람

앞뒤가 다르지 않은 사람에게서 볼 수 있다. 무신경한 듯하지만 의외로 세심한 면도 있다.

••• Knowledge

무심코 한숨을 쉬기 않도록 신경을 쓰자. 자기도 모르는 사이에 하숨을 쉬기 십상인데 상대는 자신이 스트레스를 줬다고 믿고 불안해한다.

착오행위

해설 잘못 말하거나 잘못 듣거나 잘못 쓰거나 잘못 읽거나 하는 것을 말한다. 이런 행위에 사람의 진심이 드러난다. 프로이트도 잘못 말하는 것의 이면에는 무의식적 의도와 욕망이 숨어 있다고 지적했다.

사용 설명서 팁 자신과 상대의 진심을 알아차릴 수 있다.

무의식적 욕망이 겉으로 드러날 때

　사람의 이름을 잘못 부르는 일이 있다. 그런 경우는 그 사람과 관련한 일을 무의식중에 피하고 있을 가능성이 있다. 반대로 남이 자신의 이름을 잘못 알고 있을 때는 상대에게 자신의 일을 신경 쓰이게끔 한 것일 수도 있다. 잊는다는 것도 일종의 착오행위이다. 사람의 이름이나 약속을 잊어버렸다는 것은 반드시 그 일에 스트레스를 느끼고 있다는 얘기이다.

잘못 말했다

A씨!

B인데요

까먹었다

저기

저기

불쑥 튀어나온 말과 태도가 진심일 수 있다.

거짓말을 꿰뚫어보다

해설 희대의 거짓말쟁이가 아닌 이상 사람은 누구나 거짓말을 할 때 긴장과 죄악감을 느낀다. 그것이 표정과 목소리 톤에 묻어난다.

사용 설명서 팁 거짓말을 간파할 때 힌트를 얻을 수 있다. 상대가 하는 말의 진위를 확인하고 싶을 때 사용해 보면 어떨까.

몸짓을 보면 뻔히 보인다

같은 단어를 반복한다
상대가 믿어주지 않으면 몇 번이고 같은 단어를 반복한다.

반응이 빨라진다
대답이 늦으면 불안해져 평소보다 반응이 빨라진다.

입과 손을 가린다
거짓말을 하고 있는 입을 가린다. 손의 움직임에서 거짓말이 들키는 건 아닐까 하는 생각에 손을 주머니에 넣는다.

코를 만진다
입을 가리는 것은 뻔히 드러나기 때문에 코를 감추는 경우도 있다.

담배를 손에 쥔다
흡연자는 긴장하거나 이야기가 핵심을 찌르면 담배를 피우는 버릇이 있다.

몇 번이고 같은 말을 되풀이한다

저, 저, 저기…

손을 감춘다

난 절대로 나쁜 짓 하지 않았어!

표정으로 알 수 있는 심층 심리

해설 아무리 진심을 감추려고 해도 얼굴에 명백히 드러나는 경우가 많다. 특징적인 예를 해설한다.

사용 설명서 팁 일이나 연애 등 인간관계가 생기는 모든 상황에서 상대의 진심을 알고 싶을 때 참고가 된다.

상대의 얼굴을 자세히 관찰하자

상대가 무표정한 얼굴을 하고 있으면 생각이 과거로 향하고 있어 마음은 여기에 없을지도 모른다. 거짓말을 할 때 느끼는 긴장감은 눈을 깜빡이는 횟수로도 나타난다. 감추는 일이 있을 때 눈을 외면하는 것은 대단히 알아차리기 쉬운 행위이다.

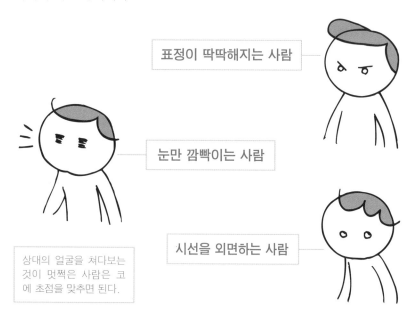

표정이 딱딱해지는 사람

눈만 깜빡이는 사람

시선을 외면하는 사람

상대의 얼굴을 쳐다보는 것이 멋쩍은 사람은 코에 초점을 맞추면 된다.

꿰뚫어보지 못하는 거짓말

해설 여러 사람을 대상으로 자신의 경력을 감쪽같이 속이는 천재적인 거짓말쟁이가 이 세상에는 존재한다. 그런 사람들의 거짓말은 좀처럼 꿰뚫어보기 어렵다.

사용 설명서 팁 허울 좋은 사람이나 그럴싸한 이야기를 접했을 때는 요주의해야 한다. 거짓말이 능수능란한 상대에게 속지 않으려면 신중해야 한다.

꿰뚫어볼 수 없는 거짓말

하와이의 카메하메하 대왕의 증손주로 엘리자베스 여왕의 조카로 알려진 미국 공군 파일럿 죠지 쿠히오 대좌란 인물이 일으킨 결혼 사기 사건이다. 그는 순수한 일본인으로 물론 군인도 아니다. 그는 여성들로부터 결혼을 미끼로 사기를 쳐서 많은 돈을 탈취한 사기꾼. 이런 종류의 사기꾼에게는 특징이 있다.

조나단 엘리자베스 쿠히오입니다

카메하메하 대왕과 엘리자베스 여왕의 친척입니다!

거짓말을 하는 것에 익숙한 사람
거짓말도 익숙해지면 긴장하지 않게 된다. 오히려 그것이 쾌감이 된다고 한다.

죄책감이 없는 사람
거짓말을 하는 것에 죄책감을 느끼지 않아 동요나 긴장감이 말투나 몸의 변화로 드러나지 않는다.

거짓말을 맹신하는 사람
거짓말을 진짜 이야기처럼 꾸며댄다. 본인 스스로도 진심이라고 믿고 있으므로 거짓말인지를 꿰뚫어보지 못한다.

제4장

상대를 알기 위한 힌트

인간의 6종의 욕구

해설 매슬로의 욕구 5단계설에 나와 있듯이 사람은 욕구가 있기 때문에 성장할 수 있다. 여기서는 사회적 욕구라 불리는 6종의 욕구를 해설한다.

사용 설명서 팁 사회에는 당신과 상대의 욕구가 소용돌이치고 있다. 상대의 행동에서 어떤 욕구를 갖고 있는지를 감지해 보자.

지나친 욕구에 주의하자

욕구가 있기 때문에 사람은 행동한다. 그러나 욕구가 지나치면 주위에 폐를 끼치므로 주의가 필요하다. 또한 욕구야말로 심층 심리의 표현이라 할 수 있다. 상대가 어떤 행동을 취하는가를 보면 심리를 알 수 있다.

지배욕구
조직에서 마치 리더인 것처럼 자기 마음대로 명령하는 사람이 있다. 그런 사람은 타인에게 영향을 미치고 싶어 하는 기분이 강하다.

복종욕구
자유롭게 해 보라는 말을 들으면 불안해지거나 상대를 따라서 행동하는 것이 마음 편하다. 존경하는 사람 아래에 있고 싶어 하는 것이 복종 욕구이다.

현시욕구

자신을 타인에게 어필하고 싶은 욕구. 고가의 브랜드 제품으로 치장하거나 기이한 모습을 하는 사람은 현시 욕구가 강한 사람이라고 할 수 있다. 패션은 마음을 나타낸다.

달성욕구

목표한 일을 달성하지 못하면 마음이 개운하지 않고, 보다 어려운 일에 도전하고 싶어 한다. 그런 사람은 달성 욕구가 강하다. 지나쳐서 자신을 몰아붙이지 않도록 주의할 필요가 있다.

친화욕구

다른 사람과 사이좋게 밀접한 관계를 맺고 싶어 한다. 모두와 더불어 시끌벅적 즐기고 싶은 기분이 강한 사람은 친화 욕구가 강하다. 지나치게 신경을 써서 피곤해지지 않도록 주의한다.

칭찬 칭찬~

감사장

승인욕구

자신의 존재를 인정받고자 하는 것은 승인욕구. 좋아하는 사람에게 사랑받고 싶은 욕구도 이에 해당한다. SNS 인기의 밑바닥에 있는 욕구이다.

· Knowledge

인기 아이돌이 팬과 악수를 하는 이벤트가 있다. 때로 직접 만나 이름을 불러주기도 함으로써 팬의 승인욕구가 충족되어 점점 이끌리게 되는 것이다.

상대의 자기현시욕을 아는 힌트

해설 자기현시욕이란 자신의 존재를 어필하고자 하는 욕구. 인간이 가진 자연스러운 욕구이지만 항상 '내가…'라는 말을 입에 달고 사는 도가 지나친 사람도 많다.

사용 설명서 팁 자기현시욕이 강한 사람의 특징을 알고 잘 대처하자. 자신이 해당한다고 자각하는 사람은 주위를 자기 멋대로 휘두르지 않도록 주의한다.

인류 모두 주역 시대를 살아가는 대처법

자신을 타인에게 어필하고자 하는 욕구는 살아가는 데 빼놓을 수 없는 욕구다. 지금은 인터넷 등을 통해 누구나 손쉽게 자신의 의견을 주장할 수 있으며 자기현시욕을 발산할 수 있는 장소도 다수 있다. 하지만 지나치게 승인욕구를 추구해서 마음의 균형을 무너뜨리지 않도록 신경 쓰기 바란다.

이곳에서만 하는 얘기라며 주목을 받고 싶어 하는 사람과 상대를 인정하지 않는 사람은 상대적으로 자신이 우위에 서려는 경향이 있다.

지성화의 이면

해설 누구라도 알 만한 얘기를 일부러 어렵게 말하는 사람, 그럴싸한 표현으로 포장하는 사람이 있다. 이처럼 자신을 지적으로 보이고 싶어 하는 심리를 지성화라고 한다.

사용 설명서 팁 지성화는 콤플렉스의 이면이라고 할 수 있다. 상대가 무엇을 말하고 있는지, 표면이 아니라 그 본질에 귀를 기울이자.

시대에 뒤처지고 싶어 하지 않는 사람들

일을 하다 보면 알 것 같으면서도 모르는 단어가 난무한다. 쉽게 말할 수 없나? 하는 의문이 들기도 한데, 그러한 사람에 한해서 무언가 콤플렉스를 갖고 있다고 생각하면 미소 짓고 싶어지기도 한다.

자주 듣는 단어에는 어그리(동의), 이슈(논점), 컨펌(허락), 콘센서스(동의), 시너지(상승효과) 등이 있다. 남박하며 오히려 우스워 보이므로 지성화는 양날이 될 것이다

혈액형으로 알 수 있는 것?

해설 A형은 진지하다, B형은 마이페이스다…와 같이 혈액형에 따른 성격을 규정하는 유형론에 과학적 근거는 있는 건가….

사용 설명서 팁 혈액형에 따른 성격 유형에 과학적 근거는 없다! 그러면 왜 사람들은 혈액형으로 성격을 분석하는 것을 좋아하는 걸까. 그 이면에는 스테레오 타입이라는 개념이 있다.

그런 말을 들으면 그럴지도 모른다는 심리

혈액형에 의한 성격 판단은 1920년대에 일본의 교육학자 후루가와 다케지(古川竹二)가 혈액형에 의한 유형론을 제창한 것을 시작으로 1970년대에 다시 유행했다. 일본인의 약 40%가 A형이라고 하는데, 그럼 그 사람들이 모두 세심하고 진중한가 하면 그렇지도 않다. 그럼에도 혈액형으로 자신과 상대의 성격을 판단하는 것은 즐거우며 좋은 얘깃거리이기도 하다. 일반적으로 말하는 혈액형의 경향을 소개한다.

A형
세심(꼼꼼)하고 신경질적이며 완고하다. 노력가이고 영리하다. 우등생이 많다고도 한다!?

B형
자유롭고 마이페이스에 행동력이 있다. 예술가 타입. 금세 뜨거워지고 금세 차가워진다고 한다!?

여러 가지 스테레오 타입

혈액형 판단이 맞는 것처럼 생각되는 배경에는 스테레오 타입의 기능이 관여하고 있다. 스테레오 타입은 어느 특정 그룹에 속한 사람에 대해 그룹 특유의 성질을 갖고 있다고 믿는 경향을 말한다. 단적인 예가 직종과 관련된 이미지로 그 사람을 판단하는 것이다. 한편 그 사람도 '그답게' 행동하기 때문에 사람은 재미있다.

왜 안 하는 거야

교사는 성실하다. 형사는 팥빵이랑 우유를 들고 잠복하고 있을 것 같다 등이 흔한 스테레오 타입.

O형
느긋하고 내멋대로이며 남을 살 돌봐준다. 로맨티스트가 많다고 한다!?

AB형
기분파에 기인이 많다. 힙리직이고 완벽주의자가 많다고 한다!?

형제와 성격

해설 일본의 심리학자 요다아키라(依田明)는 출생 순서에 따라서 형제(자매)의 성격이 좌우된다고 주장했다. 장남·장녀, 차남·차녀, 외동의 성격상 특징을 살펴보자.

사용 설명서 팁 신경이 쓰이는 저 사람은 장남일까 차남일까…. 사람을 관찰할 때나 육아에도 참고할 수 있다.

부모의 접촉 방법에 따라 성격의 경향이 결정된다

장남장녀라고 해서 아래에 든 특징이 모두 적용되는 것은 아니지만 역시 자란 환경에 따라서 성격은 영향을 받기 마련이다. 첫째 아이여서 부모가 긴장과 기대를 갖고 기르는 아이와 육아에 익숙해 여유를 갖고 기른 아이의 성격 특징은 다를 것이다.

응, 그건
어떨까

장남·장녀
성실한 타입. 지도자적 기질이 있으면서도 누군가에게 의존하고 싶어 하는 외로움을 타는 타입이기도 하다. 인상이 좋다.

그럭저럭…

차남·차녀
중간에 있는 아이는 장남(장녀)과 비슷한 성향이 있다. 위아래로 끼어 있어 친화력이 뛰어나다.

일류 운동선수가 많은 막내

태어났을 때부터 형제나 자매가 있음으로 해서 경쟁의식과 목표가 생겨서인지 일류 운동선수 중에는 차자 이후의 사람이 많다고 한다. 한때, 일본 축구 남자 대표선수의 모든 멤버가 '동생(弟)'인 때가 있을 정도다. 어느 연구에 따르면 장자는 대학교수와 변호사, 의사가 많고 막내는 배우나 화가 등에 많이 볼 수 있다는 결과도 있다.

킹 카즈(King Kazu)라는 별명으로 불린 축구선수 미우라 카즈요시(三浦知良)도 차남. 야구선수 이치로도 이름은 스즈키 이치로(鈴木一朗)이지만 차남이다.

그런 거 상관없어

막내
응석꾸러기에 느긋하디. 사람에게 칭찬받으면 기분이 금방 좋아진다. 다른 사람들 속에 자연스럽게 들어갈 수 있다.

지렛대로 해도 움직이지 않을 거야!

외동
마이페이스에 제멋대로이다. 늘 부모와 주위 사람들의 배려를 받으며 자라서인지 완강하고 제멋대로인 경향이 있다.

꿈 분석으로 알 수 있는 무의식

해설 꿈 연구라고 하면 프로이트가 떠오른다. 프로이트는 평소 겉으로는 드러나지 않는 소원이나 불안이 꿈에 드러난다고 생각했다.

사용 설명서 팁 꿈에 나타나는 것이 무엇인지를 알고 자신의 무의식과 심층 심리에 의식적으로 마주하자. '역시, 그렇게 생각했구나'라고 깨닫는 일도 있지 않을까.

4종의 꿈 작업

꿈은 자신이 조절 불가능하기 때문에 무의식이 드러난다고 한다. 한편 꿈은 수면을 지키는 기능과 외적, 내적 자극 등으로부터 숙면을 취하기 위한 방어라고 보는 설도 있다. 프로이트는 '꿈 작업'을 4종으로 분류했다.

권력자가 되고 싶어♥

아이돌이 되고 싶어♥

권력자가 되고 싶다는 바람과 아이돌이 되고 싶다는 바람이 뒤섞여서….

★ 압축

몇 가지의 바람이 맞물려 드러난다. 여러 인물과 사물의 요소가 겹쳐 하나로 합체·압축되어 꿈이 되어 나타난다. 복잡한 생각이 심플한 형태로 표현된다.

★ 이동

신경이 쓰이는 소망이 다른 소망이 되어 나타난다. 무의식에서 중대한 것이 다른 형태가 되어 꿈으로 나타난다.

★ 형상화

본래 형태가 없는 것이 눈에 보이는 것으로 드러난다. 성기(性器) 등이 그것이 아닌 다른 것으로 치환되어 꿈에 나온다. 억압된 감정이 시각화된다.

★ 2차적 가공

다양한 소망이 통합되어 이야기가 되어 드러난다. 무의식에서는 알기 어려운 것을 쉽게 의식하게끔 스토리가 되어 꿈에 나온다.

꿈에는 그 사람의 무의식중에 억압된 감정이 드러난다고 한다. 수면은 잠이 얕은 렘수면과 깊은 논렘수면이 일정 간격으로 반복되는데 보통은 렘수면일 때 꿈을 꾼다. 꿈에 의해 스트레스를 해소하거나 정보를 정리해서 뇌가 발달힌다고 힌다.

제4장

꿈의 종류

상대를 알기 위한 힌트

해설 심리학자의 양대 거두인 프로이트와 융은 꿈 분석을 놓고 각자 다른 해석을 한다. 각각의 꿈의 종류를 소개한다.

사용 설명서 팁 숨겨진 바람, 억압된 무의식이 꿈에 나온다. 어떤 방식으로 드러나는지를 알고 자신의 심층 심리를 이해하자.

프로이트와 융의 차이

프로이트는 꿈에 나타나는 바람의 대대수는 성적인 것이 형태를 바꾼 것이라고 생각했다. 한편 융은 꿈은 성적인 것만 드러나는 것은 아니라고 했다. 평소 당신이 꾸는 꿈은 어디에 해당할까? 일반적으로 알려진 꿈의 종류를 소개한다.

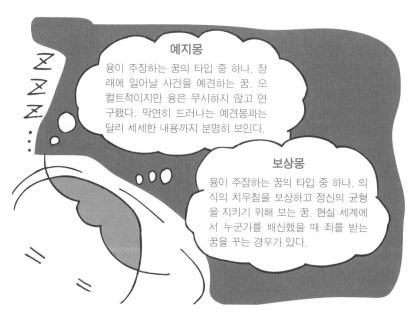

예지몽

융이 주장하는 꿈의 타입 중 하나. 장래에 일어날 사건을 예견하는 꿈. 오컬트적이지만 융은 무시하지 않고 연구했다. 막연히 드러나는 예견몽과는 달리 세세한 내용까지 분명히 보인다.

보상몽

융이 주장하는 꿈의 타입 중 하나. 의식의 치우침을 보상하고 정신의 균형을 지키기 위해 보는 꿈. 현실 세계에서 누군가를 배신했을 때 죄를 받는 꿈을 꾸는 경우가 있다.

예견몽

융이 주장하는 꿈의 타입 중 하나. 장래의 계획과 목적이 꿈으로 나타난다. 내용은 막연하다. 경고몽이라고 한다.

반복몽

융이 주장하는 꿈의 타입 중 하나. 일상적인 경험, 피로운 체험이 원인이 되어 반복적으로 꾸는 꿈. 꿈에서 피로운 경험을 해서 마음의 내성을 붙인다고도 한다.

명석몽

꿈이라고 자각하면서 꾸는 꿈. 악몽을 '꿈'이라고 판단하기 때문에 일어난다고 한다. 보통 한 번 깼다가 다시 잠들면 볼 수 있다고도 한다.

준정형몽

정형몽 정도는 아니지만 자주 꾸는 꿈을 말한다. 일례를 들면 '하늘을 나는 꿈'. 이것은 자유와 독립에 대한 원망의 표현이라고 한다.

정형몽

프로이트는 대다수의 사람이 같은 꿈을 꾼다는 사실을 발견했다. 일례를 들면 '나체로 걷고 싶다거나 옷이 없어져 곤란한 꿈'은 어릴 적으로 돌아가고 싶은 심층 심리의 표현이라고 했다.

다양한 증후군

해설 확실한 원인은 밝혀지지 않았지만 어떠한 증상이 드러날 때 사용되는 말이 증후군이라는 단어이다. 심리학적인 것부터 일반적으로 널리 알려진 증후군을 소개한다.

사용 설명서 팁 소개하는 것 이외에도 많은 증후군이 있다. 시대의 풍조에서 생겨나는 것도 있어 세상과 라이프스타일의 영향이 크다.

증후군을 이해하고 타인을 배려한다

선천적인 것과 신체적인 것 그리고 마음의 부적응이 원인이 되어 일어나는 것 등 다양하다. 예방 방법 중 하나는 몸과 마음이 지나친 스트레스 상태에 놓이지 않도록 하는 것이다. 여기서 소개하는 이외의 증후군에 대해서도 이해를 깊이하고 예방 대책에 노력하기 바란다.

피터팬 증후군
연령은 어른인데도 유아와 같은 자기중심성이 남아 있다. 미국의 심리학자 댄 카일리가 제창했다.

휘청

번아웃 증후군
갑자기 무기력해지거나 무언가 다 타버린 것 같은 상태가 된다. 큰 목표를 달성했을 때나 정년을 맞았을 때 흔히 볼 수 있는 현상이다.

서번 증후군

지적장애와 발달장애를 가진 사람 중에서 특정 분야에 천재적인 능력을 발휘하는 이가 있다. 과거에 본 풍경이나 한 번 들은 음악을 완벽히 재현하기도 한다.

스톡홀름 증후군

정신의학 용어의 하나. 유괴나 감금 등 범죄 사건의 피해자가 범인과 장시간 지내는 사이에 범인에게 호의를 보이거나 특별한 감정을 갖는 것.

쉐그렌 증후군

여성에게 많이 보이는 증상으로 눈과 입이 마르고 관절통과 같은 건조 증상이 나오는 증후군. 유전, 면역 이상, 스트레스 등 다양한 원인이 겹쳐 일어난다고 한다.

사자에 씨* 증후군

일요일 저녁이 되면 휴일이 끝났음을 의식하고 월요일이 오는 것에 우울해진다. 서양에서도 블루먼데이 증후군이라 부르며 휴식 끝에 침울한 기분이 드는 것은 만국 공통이다.

   신체적인 것과는 별도로 사회적인 원인에 의해서 생기는 증후군은 시대의 풍조와 분위기를 상징한다. 음식점에서 주문할 때 긴장하고 페이스북에서 다른 사람의 시선을 지나치게 신경 쓰는 것과 컴퓨터나 스마트폰을 너무 봐서 심신의 불편함을 호소하는 VDT(비주얼 디스플레이 터미널) 증후군도 있다.

* 일본의 국민적 TV 애니메이션 〈사자에 씨〉를 보면서 "내일은 월요일, 출근해야 한다"는 생각에 방송이 끝나면 우울해하는 사람들이 많다는 데서 유래함. 우리나라의 월요병과 같다.

성격이상자의 특징

해설 정신의학자 슈나이더(214쪽)는 성격이상을 '퍼스널리티의 이상성(異常性)이기 때문에 사회 혹은 본인이 고민하는 것'이라고 정의하고 10가지 정신질환을 들었다.

사용 설명서 팁 주위의 '다루기 힘든' 사람에게 적용해 보거나 자신이 주위 사람들과 잘 지내고 있지 못하다면 해당하는 부분이 없는지 생각해 보자.

| 자신도 사회도 고민하게 하는 사람들

정신질환이란 반사회적 인격을 의미하는 심리학 용어이다. 영어로 일명 사이코패스를 말하며 양심이 비정상적으로 결여되어 있는 사람을 가리킨다. 슈나이더는 10가지 유형을 들었지만 DSM(Diagnostic and Statistical Manual of Mental Disorders)-5(정신질환 진단·통계 매뉴얼)에서도 반사회성 퍼스널리티 장애라고 해서 정신장애의 하나로 꼽고 있다.

의지박약형

남에게 쉽게 영향을 받고 의지가 약하다. 주변에 있는 나쁜 무리에 휩쓸려 범죄를 저지르는 일도 있다.

발양형

경솔하고 감정을 제어하는 능력이 현저히 부족하다. 사소한 일로 욱하기 십상이다. 여러 가지 상황에서 문제를 일으키는 트러블 메이커.

폭발형

사소한 일에 폭력적인 행동을 보이고 폭언·폭행을 한다. 화를 낼 일이 아닌데도 감정이 폭발한다.

무정형

도덕적 감정이 결여되어 있고 냉혹하다. 잔인한 범죄를 저지를 가능성이 있다. 극단적으로 냉담한 인상을 가진 사람이 많다.

기분이변형

갑자기 흥분하거나 기분이 가라앉는 일이 있다. 돌발적으로 방화나 도둑질을 할 가능성이 있다고도 한다.

우울형

무슨 일이든 비판적이고 회의심이 강하다. 불행할 때 침착해지거나 타인의 불행을 기뻐하는 성향이 있다.

자기현시형

자신을 실제 이상으로 잘 보이고 싶어 한다. 허언증이 있고 주목받기 위해 과대한 행동을 종종 한다.

광신형(열광형)

자신을 고집하는 개인적인 광신자와 이상을 고집하는 이념형 광신자가 있다. 권리를 주장하며 재판을 좋아하는 경향이 있다.

자신결핍형

주위 사람들이 자신을 어떻게 생각하는지 병적으로 신경 쓴다. 무슨 일이 있으면 자신을 책망하고 한없이 가라앉는다.

무력형

신경질적 증상이 있으나 범죄와는 거리가 멀다. 멋대로 자기 분석을 해 '자신은 불충분한 존재'라고 항상 느끼고 있다.

제5장
업무에 도움 되는 심리학

회사나 업무에 적응하는 것도 큰 과제다. 이 장에서는 우선 학습·기억에 대해, 그리고 보다 구체적인 교섭이나 동기를 높이는 방법을 해설한다. 기억의 메커니즘을 알고 나면 사소한 실수도 없어지고 상대를 대하는 방법 하나만 터득해도 상사와 부하, 팀원과의 관계가 양호해진다. 보다 수월하게 일할 수 있는 힌트를 전수한다.

기억의 메커니즘

해설 학습한 것을 제대로 알고 있는 것이 기억이다. 기억에는 기명(memorization), 유지(retention), 상기(remember)의 세 과정이 있다.

사용 설명서 팁 정보가 어떻게 기억되는가, 기억한 것을 끄집어내기 위해서는 어떤 메커니즘이 작용하는가를 알면 새까맣게 잊어버리는 습관을 없앨 수 있다.

기억의 3단계

기명, 유지, 상기의 3단계가 있지만 정말로 기억했는지 아닌지는 상기해 보지 않는 한 알 수 없다. 어떤 일을 까맣게 잊는 것은 상기할 수 없는 상태이며 잊은 정보는 저장고의 어딘가에 있다.

★**기명 : 체험한 것을 기억한다**
얻은 정보를 기억에 바르게 넣는 것. 기억에 적합한 형태로 바꾸는 것을 부호화라고 한다.

★**유지 : 머릿속에서 정보를 보존**
일정 기간 기억을 보존하는 것. 저장고에 집어넣는 식이다.

★**기상 : 유지된 정보를 떠올린다**
저장고에 있는 정보를 검색해서 바르게 꺼낸다.

감각기억과 단기기억과 장기기억

기억에는 감각기억, 단기기억, 장기기억이 있다. 우선 외부의 정보는 감각기억이라는 저장고에 들어온다. 이 시점에서 대부분이 소실된다. 감각기억 중 의식적으로 선택된 것은 단기기억으로서 다음의 저장고로, 그리고 몇 번이고 복창하는 등의 리허설에 의해서 장기기억 저장고에 들어간다.

★ **감각기억**

한순간 저장한다
보거나 들은 것을 한순간 저장하지만 대부분이 소실된다. 흥미를 끄는 몇 가지 정보가 단기기억이 된다.

★ **단기기억**

15~30초의 저장고
들은 전화번호 등 일시적인 정보를 복창(리허설)함으로써 저장 시간을 길게 할 수 있다.

★ **장기기억**

반영구적으로 기억하는 저장고
대량의 정보 중에서 중요한 것을 저장한다. 장기기억에는 에피소드 기억과 의미기억 등이 있다.

그 무렵에는 젊었지…

에피소드 기억과 의미기억, 절차기억

해설 장기기억은 3종류로 나뉜다. 자신이 체험한 어느 사건의 기억인 에피소드 기억, 지식으로 축적되어 있는 의미기억, 몸으로 기억하고 있는 절차기억이다.

사용 설명서 팁 장기간 기억되는 정보의 종류를 알면 앞으로 무언가를 기억할 때 그 비결을 알 수 있다. 몸으로 기억하면 쉽게 잊어버리지 않는다.

체험하면 기억은 길게 저장된다

강렬한 체험은 기억에 오래 머무는 법. 무언가를 기억하고 싶으면 체험과 함께 기억하면 기억은 선명하게 되살아난다.

★ 에피소드 기억

'피사의 사탑을 본 직후에 그와 헤어졌다'와 같이 체험한 장소와 시간, 에피소드로 기억한다.

★ 의미기억

'영국의 수도는 런던'과 같이 일반적인 상식과 지식으로 저장된 기억. 이른바 공부는 의미기억의 영역이다.

★ 절차기억

자전거 타는 방법, 이 닦는 방법 등은 언어로는 설명하기 어려운 몸의 기억. 한 번 기억하면 잊어버리지 않는다.

현재기억과 잠재기억

해설 인지심리학에서는 기억에는 현재기억과 잠재기억이 있다고 보고 있다. 현재기억은 자신이 떠올리려고 하면 떠올릴 수 있는 것. 잠재기억은 떠올릴 생각이 없는데 떠오르는 기억을 말한다.

사용 설명서 팁 기억을 이끌어낼 때 단서로서 잠재기억을 이끌어내는 방법(176쪽)이 도움이 된다.

끄집어내는 기억과 떠오르는 기억

의식해서 떠올리는 에피소드 기억은 현재기억. 반사적으로 떠올릴 수 있는 의미기억과 절차기억은 잠재기억이라고 할 수 있다.

★ 현재기억

자신이 떠올리려고 해서 떠올리는 기억
'어, 뭐였더라'라고 의식하고 되돌아보는 기억. 에피소드와도 비슷하다.

★ 잠재기억

떠올릴 생각이 없는데 무의식으로 떠오르는 기억
문제가 주어졌을 때 퍼뜩 대답이 나오거나 떠오르는 기억. 가령 연상 게임을 할 때 사전에 '무언가'의 이야기를 해 두면 그 '무언가'가 연상되기 쉽다.

• • • • • Knowledge
기억을 재그러는 테스트에는 재생법과 재인법이 있다. '선택지에서 선택하시오'라고 단서를 주는 것이 재인법. 단서 없는 것이 재생법. 재인법이 떠올리기 쉽다.

기억은 변한다-허기억

해설 학습이나 체험을 하지 않은, 전혀 없는 기억. 기억은 변화하고 때로는 덧칠되는 것이다.

사용 설명서 팁 상대의 기억을 컨트롤할 수 있지만 악용하는 것은 엄금이다. 자신의 기억도 바뀐다는 점을 알면 자기 방어에도 활용할 수 있다.

가짜 기억은 의외로 자주 등장한다

인지심리학자인 엘리자베스 로프타스는 실험에서 형자(兄姉)에서 제매 (弟妹)로 카드를 건네고 옛 기억에 대해 기록하도록 했다. 건네받은 카드 의 대다수는 실제로 일어난 사건이지만, 딱 하나만 거짓 사건을 섞어 넣은 결과 제매는 있지도 않은 사건임에도 불구하고 상세하게 있었던 일을 적었 다고 한다.

거 봐,
초등학교 다닐 때
함께 장수풍뎅이 잡으러
갔었잖아!

그랬었다고?

범죄사건 등을 목격한 목격자의 증언 이 질문을 어떻게 하느냐에 따라 변하 기도 한다. 이처럼 기억이 나중에 변 하는 것을 '사후 정보 효과'라고 한다.

자전적 기억

해설 에피소드 기억 중 자신의 아이덴티티를 구성하는 기억. 성인이 되고 나서 미화되는 일도 있다.

사용 설명서 팁 긍정적인 자전적 기억을 가질 수 있도록 부정적이었던 체험을 긍정적으로 생각할 수 있게 되면 자기는 안정된다.

떠오르는 시기에 따라서 자전적 기억은 변한다

모친의 애정에 대해 사춘기였다면 성가시게 느꼈을지 모르지만 나이를 먹음에 따라 '그건 애정이었구나'라고 엄격했던 모친을 떠올리게 된다. 같은 기억이라도 자전적 기억은 때때로 재구성되어 상기되는 특징이 있다.

정말 시끄럽네

000

고마운 일이야

사랑 받았구나

홍차의 향으로 옛 기억을 회상

음...

냄새와 맛이 계기가 되어 과거의 기억이 떠오른 적은 없는가. 이것을 프루스트 현상*이라고 한다. 소설 <잃어버린 시간을 찾아서>에 등장하는 마들렌을 입에 넣었더니 유소년기의 기억이 되돌아왔다는 에피소드에서 그렇게 불린다.

* 프루스트 현상 (Proust phenomenon) : 과거에 맡았던 특정 냄새에 자극받아 기억하는 일을 말한다.

미래계획기억

해설 미래에 해야 할 일에 대한 기억. 앞으로 무엇을 할 것인지 예정을 기억한다. '내일은 골프를 치러 가고, 여름휴가에는 하와이에 간다'는 식의 예정을 기억하는 것.

사용 설명서 팁 내일과 그 이후의 예정을 잊지 않고 기억해 두는 것과 물건을 잊어버리는 것을 방지하기 위해 메모나 알람 기능을 사용하는 것을 습관화하자.

┃ 미래계획기억에 자신이 없다면 메모를 잊지 말자

한 번 들으면 모두 기억해서 스케줄표가 필요 없는 사람도 있지만 대다수의 사람은 미래계획기억은 따로 적어두지 않으면 쉽게 잊어버린다. 기억할 자신이 없다면 메모를 하자. 또한 상대가 깜빡하고 잊어버리는 성향이 있다면, 가령 그 사람에게 마감 일자를 알리는 등 긴장감을 주면 내일 할 일을 기억해 두고 약속을 지킨다.

내일
오후 5시 OK!

네,
알겠습니다!!

미래계획기억은 뇌졸중 등의 뇌장애로 인해 제대로 기능하지 않는 경우가 있다. 재활을 통해 극복해야 한다.

65쪽에서 소개한 자이가르닉 효과를 이용하면 물건을 자주 잊어버리는 사람에게 유용할 것이다. 사람은 달성한 일은 쉽게 잊지만 이루지 못한 일은 기억한다. 이 성질을 이용하는 것이다.

고령자의 기억

해설 치매(인지증) 등 나이를 먹으면 물건을 어디에 뒀는지 깜빡 잊는 일이 잦은데, 보통은 단기기억이 저하할 뿐 장기기억은 유지된다고 한다.

사용 설명서 팁 건망증이 심해졌을 때나 인지증 가족을 돌볼 때 알아둬야 할 지식. 주위에서 할 수 있는 예방과 대책을 생각하자.

떠올리지 못하는 게 아니라 기억하지 못한다

인지증이 발병한 노인의 경우 옛일은 잘 기억하고 있는데 방금 전 일은 곧잘 잊어버리는 경우가 있다. 즉 한순간에 사라지는 감각기억과 15~30초에 잊는 단기기억에 문제가 생기는 것이다.

옛일은 잘 기억하고 있다

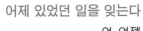

어제 있었던 일을 잊는다

물건을 어디에 뒀는지 잊어버리는 증상이 심해지는 인지증에 걸린 사람에게는 에피소드 기억을 제대로 떠올릴 수 있도록 말을 걸어보면 좋다. 또 절차기억인 매일의 직업 등 무언가 역할을 맡도록 부탁하는 것도 인지증에 내서아른 방법이 필 부 있나.

기억을 끄집어내는 방법

해설 기억의 저장고에서 기억을 이끌어내는 수법 몇 가지를 소개한다. 자신에게 맞는 기억술을 익혀보는 건 어떨까.

사용 설명서 팁 수험과 자격시험에 대비하여 공부하는 사람에게 도움이 된다.

다양한 기억술

고대 그리스 시대부터 여러 가지 기억술이 개발되어 왔다. 그중에서도 이미지를 활용하는 방법이 효과적이라고 한다. 기억은 관련되는 것끼리 네트워크를 만들고, 특히 관련이 큰 것끼리 연결되어 기억이 강화된다고 한다.

장소 기억법

'열쇠는 현관에'와 같이 장소와 기억하고 싶은 것을 연관 지어 외운다.

숫자 연상법

역사 시간에 연도를 기억할 때 자주 쓰는 방법으로 숫자를 문자로 치환한다.

임진왜란이 일어난 해 이러구 있(1592)을 때가 아니다

스토리식 기억법

기억한 것을 스토리로 엮어 생각하고 단어와 이미지로 기억한다.

머리글자 기억법

기억하고 싶은 것의 머리글자를 취해서 기억하는 방법

페그워드 기억법

숫자와 기억한 것을 적당한 키워드(페그워드)로 결부지어 차례대로 외우는 방법

이미지 기억법

단어를 기억할 때 등 기발한 이미지와 함께 기억하는 방법

제 5 장 ─ 업무에 도움 되는 심리학

문제 해결 기법

해설 살아 봐야 문제에 직면할 뿐이다. 이런 생각이 들 때 해결하는 수법으로 시행착오와 알고리즘, 휴리스틱을 소개한다.

사용 설명서 팁 문제를 해결해야 할 상황에 직면했을 때 참고하기 바란다.

이것저것 해보자. 고양이에게 배우는 시행착오

미국의 심리학자 에드워드 손다이크(212쪽)는 상자 안에 고양이를 넣고 실험을 했다. 뛰어오르거나 문을 할퀴는 사이에 문이 열려 먹잇감에 도달했다. 이것을 반복하는 사이에 고양이는 문을 여는 방법을 외웠다고 한다. 이처럼 시행을 반복함으로써 문제 해결의 실마리를 찾아내는 것을 시행착오라고 한다.

시행착오에 대해 사물을 관찰하고 나서 계획을 세우고 행동하여 문제 해결을 하는 것이 통찰. 시행착오를 하기 전에 일단 멈춰서 정보를 정리하는 것이 중요하다.

알고리즘과 휴리스틱

알고리즘이란 문제를 해결하기까지 모든 조작을 일일이 수행하는 것. 확실하게 문제를 해결할 수 있지만 시간이 너무 걸린다. AI(인공지능)에 맡길 법한 방법이다.

인공지능은 1초간 엄청난 횟수의 계산을 처리할 수 있기 때문에 알고리즘으로는 대적할 수 없다.

휴리스틱은 해결까지의 시간 단축을 위해 '가정'을 단서로 문제 해결을 도모하는 수법. 효율적이라는 이유로 대다수의 사람은 이 방법을 선호한다. 단 경험에 기초한 감이 필요하다.

경험이 중요하지만 지나치게 경험칙에 근거하다 보면 문제 해결에서 멀어지기도 하므로 주의해야 한다.

179

편면제시와 양면제시

해설 사람에게 무언가를 전달할 때 장점만 전달하거나 장점·단점 모두를 전달하는 2가지 방법이 있다. 두 방법의 이점을 생각해 보자.

사용 설명서 팁 사업이나 연애 등 상대와 교섭할 때나 설득할 때 도움이 된다. 또한 상대로부터 제안을 받을 때도 신경 쓰는 것도 좋다.

진정한 신뢰를 구축하기 위해서는 양면제시를

교섭을 해야 하는 상황에서 자신의 단점 내지 자사의 약점을 전달하는 것이 단점이 된다고 생각한다. 그러다 보니 자신들 본위의 정보를 전달하기에 급급하다. 하지만 일단 감춘 단점이 상대의 눈에 띄면 당신에 대한 신뢰는 한순간에 무너진다.

직거래 상품이라 저렴해요!

구형 모델이어서 저렴하지만 충분히 사용할 수 있어요

★ **편면제시**
팔고 싶은 상품의 좋은 점만 전달하는 등 주장하고 싶은 내용만 상대에게 제시한다. '특별 가격'이니 '득템'이라는 말을 들었을 때는 단어의 이면에도 눈을 돌려 보자.

★ **양면제시**
팔고 싶은 상품의 장점뿐 아니라 단점도 전달한다. 단점이 될 만한 점도 함께 전달하다 보면 당장은 손해를 볼 수 있지만, 오히려 정면 돌파하려는 자세를 좋게 평가받을 수도 있다.

문간에 발 들여 놓기 기법

(foot in the door technique)

해설 처음에는 간단한 요구를 하고 다음 요구에서 보다 어려운 내용을 제시하는 교섭 방법. 우선 상대의 마음에 한 발 들어가는 것이 관건이다.

사용 설명서 팁 다른 사람에게 부탁할 일이 있을 때 활용할 수 있다. 단계적 요청법 이라고도 하며 한 발 한 발 교섭 내용의 강도를 높여간다.

돈을 빌릴 때 악용하지 말 것!

남에게 어려운 부탁을 할 때는 괜히 긴장하거나 상대의 기분이 어떤지 신경 쓰이는 법. 풋 인 더 도어 테크닉을 이용하여 우선 상대의 마음의 문 을 조금 열고 발을 한 발 내디딜 수 있으면 다음은 자연스럽게 안으로 들어 갈 수 있다.

우선은 간단한 부탁부터 시작한다. 상대 가 '뭐 이 정도라면 괜찮겠지'라고 생각 할 수 있는 조건을 제시한다.

만약 요구를 들어준다면 다음 번에는 더 큰 요구를 한다. 만약 상대가 이런 방식 으로 교섭을 해 온다면 서설하는 힘이 필 요하다.

면전에서 문닫기 기법

(door in the face technique)

해설 양보적 요청법이라고도 불리며 우선은 거절당할 것을 감안하고 무리한 요구를 한 후 다음으로 본래 기대했던 사항을 요청한다.

사용 설명서 팁 영업사원이 견적을 낼 때 활용할 수 있는 테크닉. 상대가 가격을 깎을 것을 상정해서 교섭에 임한다.

양보를 전제로 제시

비즈니스 현장에서 가격을 더 낮춰달라는 요구는 마치 인사와도 같은 것이다. 영업이나 제안 시에 무언가를 부탁하는 경우는 양보하는 것을 전제로 이야기를 꺼내면 좋다. 상대도 그것을 알고 교섭에 즐거운 마음으로 임한다.

거절할 것을 예상보고 일단 높은 금액을 제안한다.

거절당했을 때는 적정(?)한 금액을 제안하며 양보한다.

낮은 공 기법
(low ball technique)

해설 승낙 선취 요청법이라고 불리는 교섭 전략. 사람은 일단 승낙하고 나면 이후에는 쉽게 거절하지 못하는 습성이 있다. 이런 심리를 이용한다.

사용 설명서 팁 누구나 이끌리는 이야기는 아무 데나 굴러다니지 않는 법. 교섭에 임할 때는 허울 좋은 말에 부디 조심하자.

특약 사항 등 계약 내용을 꼼꼼히 확인하자

낮은 공 기법은 최초에 좋은 조건을 제시하여 우선 상대의 승낙을 얻는다. 그리고는 이런저런 이유를 대고 조건을 바꾸어 버리는 것이다. 사람은 한 번 정한 것에는 의무감 같은 것이 발동하여 조건의 변경을 받아들이는 성향이 있다고 한다.

월세를 보증한다는 문구를 믿고 계약을 한 후에 보증 안 집세를 낮추는 일도 있다. 높은 이자를 주겠다고 약속하고 돈을 빌려놓고 나중에 이자를 낮춰 달라고 요청하는 사람도 있다.

고전적 조건형성

해설 고전적 조건형성(classical conditioning)은 학습의 한 형태이다. 2가지 자극을 연결하면 점차 한쪽의 자극만으로도 반응하도록 변화한다. 파블로프의 개의 실험이 유명하다.

사용 설명서 팁 고전적 조건형성을 이용하면 업무에 대한 의욕을 높일 수 있을지도. 사실 사람도 점심식사 시간이 되면 배가 고프다고 느끼는 생물이다.

유명한 파블로프의 개의 실험

러시아의 생리학자 파블로프는 개에게 먹이를 줄 때 반드시 벨 소리를 들려주는 실험을 실시했다. 개에게 먹이를 주면 개는 자연히 침을 흘린다 (무조건반사). 그러면 차츰 벨 소리를 듣기만 해도 개는 침을 흘리게 된다 (조건반사). 벨을 듣는 것만으로도 침을 흘리는 것은 학습의 성과이며 이것을 고전적 조건형성이라고 한다.

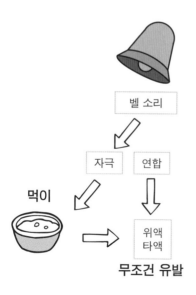

업무에 부담을 느껴 위가 아픈 경험이 반복되다 보면 업무 자체를 생각하기만 해도 위가 아파오는 사람도 있다. 마음이 편한 환경에서 업무를 하는 것도 중요하다.

벨 소리

자극　연합

먹이

위액
타액

무조건 유발

조작적 조건형성

해설 행동주의의 기초 이론. 어느 행동을 한 것에 대해 보수와 벌이 주어지면 그 결과에 적응하여 자발적으로 행동하는 학습 행동을 말한다. 미국의 행동심리학자 스키너(212쪽)의 실험이 유명하다.

사용 설명서 팁 보수가 주어지면 비단 쥐뿐 아니라 인간도 좀 더 분발하는 생물이다. 제대로 칭찬하고 사람을 움직이자.

포상이 주어지면 포상을 받기 위해 학습한다

스키너는 상자에 공복 상태의 쥐를 넣고 레버를 누르면 먹이가 나오는 장치를 만들었다. 쥐는 처음에는 먹이를 찾아 무작정 장치 안을 돌아다니지만 우연히 레버를 건드리니 먹이가 나오는 것을 알게 되자 이것을 학습해서 레버를 자주 누르게 됐다. 먹이라는 보수에 의해서 레버를 누르는 행동이 강화된 것이다.

쥐가 레버를 누르면 먹이가 나온다. 우연히 레버가 눌려 먹이를 얻은 쥐는 먹이를 원할 때는 레버를 누르는 것을 학습한다. 이것을 오페란트 조건 부여라고 한다. 인간의 행동에도 보수와 강화의 개념을 응용할 수 있다.

외발적 동기부여

해설 외발적 동기부여는 보수를 얻기 위해, 벌을 회피하기 위해, 의무를 다하기 위해 등 외부로부터 주어지는 강제력에 의한 동기부여를 말한다. '테스트에서 100점 맞으면 포상이 주어진다' 등이 외발적 동기부여에 해당한다.

사용 설명서 팁 당근과 채찍을 사용한 동기부여는 단기적으로는 효과가 있을지 모르지만 동기가 길게 이어지지 않는다. 여러분도 마음 짚이는 데가 있을 것이다.

당근과 채찍은 오래 가지 않는다

외발적 동기부여에서 의지의 근원은 외부에서 초래된 것이다. 그 결과로서 보수를 얻는 것과 벌을 피하는 것이 목적이 되다 보니 의지가 오래 지속되지 않는다. 누군가가 당근과 채찍을 지속적으로 주지 않으면 행동하지 않게 되는 폐해도 생긴다.

단, 단기적으로는 강력하고 효과적인 수단이므로 잘 이용하는 것이 중요하다.

내발적 동기부여

해설 내발적 동기부여란 흥미와 호기심, 관심에서 초래되는 동기부여를 말한다. 외부에서 주어지는 상벌에 의존하지 않고 자신의 내면에서 솟아 일어나는 동기에 의해 '좋은 업무를 하고 싶다', '공부가 즐겁다' 등이 그에 해당한다.

사용 설명서 팁 동기를 지속시키기 위해서는 안에서 일어나는 의지와 행동 자체에서 기쁨을 찾아내는 것이 중요하다.

의지를 오래 지속시키는 비결

내발적 동기부여에서 의지의 근원은 자신 안에서 솟아나는 것이다. 결과가 얻어졌을 때 느끼는 달성감, 능력을 발휘할 수 있다고 느끼는 유능감, 자신이 생각한 대로 가능하다고 느끼는 자기결정감도 내발적 동기부여에 해당한다.

외발적 동기부여가 작용하는 그룹보다 내발적 동기부여가 작용하는 그룹에 속한 사람들의 의지가 오래 이어지고 성과도 높다는 것이 실험으로 증명됐다.

사회적 동기부여

해설 동기부여(모티베이션)란 행동을 일으켜 목표를 향해 유지하는 심리적 기능을 말한다. 미국의 심리학자 마레이는 동기부여를 생리적 욕구와 사회적 욕구로 분류했다.

사용 설명서 팁 동기부여를 컨트롤하기 위해서는 어떠한 동기부여가 작용해서 행동을 유발했는지를 이해하는 것이 도움이 된다.

사람을 움직이는 동기란

마레이는 생존하는 데 불가결한 식사·수면 등의 생리적 욕구를 1차적 욕구, 사회 생활을 영위하는 데 필요한 사회적 욕구를 2차적 욕구라고 했다. 또 2차적 욕구인 사회적 동기를 세분화했다.

유희동기
재미있는 일을 하고 싶다

질서동기
제대로 살고 싶다

이해동기
더 알고 싶다

변화동기
새로운 것을 하고 싶다!

굴욕동기
자신을 책망하고 싶다

공격동기
상대를 굴복시키고 싶다

자율동기
속박받고 싶지 않다

지배동기
다른 사람 위에 서고 싶다

복종동기
뛰어난 사람을 따르고 싶다

현시동기
눈에 띄고 싶다

원조동기
곤란한 사람을 돕고 싶다

의존동기
응석부리고 싶다

이성애동기
이성이 좋아해 주기를 바란다

달성동기
목표를 이루고 싶다!

친화동기
좋아하는 사람과 있고 싶다

굴욕회피동기
경멸당하고 싶지 않다

허즈버그의 동기부여

업무에 도움 되는 심리학

해설 임상심리학자 허즈버그(215쪽)가 제창한 동기부여 이론. 업무에서 만족감을 주는 요인과 불만을 주는 요인은 다르다고 했다.

사용 설명서 팁 상대가 정말로 무엇을 바라는지 알 수 있다. 부하나 동료에게 의지를 갖게 하려면 무엇이 필요한지 힌트를 얻자.

동기부여 요인과 위생 요인

허즈버그는 업무에서 만족을 초래하는 요인을 동기부여 요인이라고 하고 이것이 주어지면 만족도가 높아져 동기가 높아진다고 했다. 한편 불만을 초래하는 요인을 위생 요인이라고 했다. 이를 정비하면 불만은 해소할수 있지만 만족도와 동기가 향상되는 것은 아니라고 했다.

동기부여 요인
- 업무 달성감
- 책임 범위의 확대
- 능력 향상과 자기 성장
- 도전적인 업무 등

위생 요인
- 회사 방침
- 관리 방법
- 노동 환경
- 작업 조건 등

경영자와 조직의 리더 등 사람을 움직이는 입장에 있는 사람이 특히 알아두면 좋은 이론이다.

결핍동기와 성장동기

해설 욕구 5단계설(27쪽)을 제창한 심리학자 매슬로의 동기이론. 사람은 결핍동기와 성장동기에 의해 행동을 일으킨다고 했다.

사용 설명서 팁 위기감을 일깨워 주거나 목표를 할당해 주는 등 부하나 동료가 결핍동기 타입인가 성장동기 타입인가를 파악하면 사람을 움직일 수 있다.

성장동기는 고차원의 동기

결핍동기는 본능에 가까운 동기라고 할 수 있다. '누군가 나에게 화를 내는 것을 원치 않는다', '창피당하고 싶지 않다' 등 위기를 회피하기 위해 행동하는 경향이 있다. 한편 성장동기는 보다 차원이 높은 동기로 '사회에 도움이 되고 싶다', '자기실현을 지향하고 싶다' 등 능동적이라고 할 수 있다.

★ 결핍동기의 강점
공포와 불안으로 인해 행동하므로 부정이든 긍정이든 행동한다.

★ 성장동기의 강점
자기실현을 위해 행동하므로 능동적이다.

★ 결핍동기의 약점
스트레스로 지나치게 긴장하거나 불안감을 갖게 된다. 다인에게 쉽게 의존한다.

★ 성상농기의 약섬
행동력 때문에 폭주하는 일이 있다. 기복이 신한 것도 단점이다.

반두라의 실험

해설 캐나다의 심리학자 앨버트 반두라(213쪽)가 실시한 실험으로 다른 사람의 행동을 관찰하는 것으로도 학습이 성립한다는 것이 밝혀졌다.

사용 설명서 팁 현자는 사람의 경험을 배운다는 말처럼 타인의 행동을 관찰하는 것을 통해서도 학습할 수 있다. 지금 이상으로 주위를 관찰하자.

모델링

반두라는 학습자가 직접 체험하지 않아도 다른 사람을 관찰(모델링)함으로써 학습이 성립한다는 것을 실험으로 밝혀냈다. 우선 유치원아를 두 그룹으로 나누고 A 그룹에는 어린이 인형을 공격하는 모습을, B 그룹에는 인형과 사이좋게 노는 모습을 보였다. 그 후 원아들에게 인형을 갖고 놀게 하자 A 그룹 원아는 어른과 같은 공격적인 행동을 보였다.

어린 아이들은 어른의 행동과 말을 보고 듣고 자연히 영향을 받는다는 점을 기억하자. 그야말로 부모의 등을 보고 배운다는 말이 심리학적으로도 실증된 것이다.

피그말리온 효과

해설 미국의 교육심리학자 로젠탈과 야콥슨이 실시한 실험에서 '교사가 학생에 대해 갖는 기대에 부응해서 학생의 성적이 향상된다'는 것이 밝혀졌다. 그 효과를 말하며 별 명 로젠탈 효과라고도 부른다.

사용 설명서 팁 제대로 한번 키워보고 싶은 대상이 있다면 먼저 기대를 갖고 있음을 표현하고 칭찬한다. 칭찬받은 상대의 의식이 적극적으로 변할 것이다.

칭찬하는 타입인가 꾸짖는 타입인가를 파악한다

사람은 기대를 받으면 최선을 다해서 목표를 이뤄내고자 한다. 칭찬을 받으면 향상되는 타입은 사소한 일이라도 상관없으므로 잘 관찰해서 칭찬 할 만한 점을 찾아볼 것. 한편 꾸짖는 것이 효과적인 타입도 있으므로 어느 것이 적절한지를 파악할 필요가 있다.

자, 어디 해보자! 연매출 1억 원

자네라면 더 올릴 수 있어!

네! 분발하겠습니다

누군가로부터 기대를 받으면 차츰 기대에 부응하기 위해 변화해 간다.

•••••••••••••••••••••••••••••••••••••• Knowledge

자기성취예어 : 주위로부터 칭찬을 받으면 자기 자신에 대해 기대를 갖게 되어 의식적 혹은 무의식적으로 그렇게 되려고 변화한다.

PM 이론

해설 사회심리학자인 미스미주지(三隅二不二)가 고안한 이론. P(Performance function), 즉 목표 달성 기능과 M(Maintenance function), 즉 집단 유지 기능의 2가지를 축으로 해서 리더십을 4종으로 유형화했다.

사용 설명서 팁 리더십의 4타입을 알고 자신이 부족한 점을 보완하도록 노력한다. 또한 자신에게 맞는 리더십도 이해하자.

P와 M 2축으로 알 수 있는 리더십

행동론적 어프로치에서 우수한 리더에게 볼 수 있는 공통되는 행동을 일반화한 것이 PM 이론. PM 이론에서는 목표를 설정하고 계획을 입안하여 목표를 달성하는 기능인 P(목표 달성 기능)와 집단 내의 인간관계를 양호하게 유지, 집단을 통합하는 기능인 M(집단 유지 기능)의 대소에 따라서 리더십을 PM형, Pm형, pM형, pm형의 4종으로 유형화했다. 자신은 어느 특성에 해당하는지 의식해보자.

P(목표 달성 기능)
목표 달성을 위해 집단 내의 멤버를 격려하여 생산성을 높인다.

M(집단 유지 기능)
집단의 존속을 위해 멤버의 입장을 이해하고 인간관계를 양호하게 유지한다.

6개 질문으로 알 수 있는 리더십 유형

아래 질문에 '예, 아니오'로 대답하면 자신이 어떤 리더십 유형인지를 알 수 있다.

- Q1. 야근이 많아도 고생이라고 생각하지 않는다
- Q2. 일을 후배에게 가르치기보다 자신이 하는 편이 빠르다
- Q3. 조건이 좋으면 언제라도 이직한다
- Q4. 사원 여행에는 반드시 참가한다
- Q5. 남에게 자랑할 수 있는 취미가 있다
- Q6. 학생 시절에 학생 회장을 한 적이 있다

1~3의 질문에 2개 이상 '예'라고 답한 사람은 P이고, 하나 이하인 사람은 p. 4~6의 질문에 2개 이상 '예'라고 답한 사람은 M이고 1개 이하인 사람은 m. (P·p)와 (M·m)를 조합한 것이 리더십 타입을 나타낸다.

P M 형	이상적인 리더상(像)으로 성과를 올리고 집단 통솔력도 있다
P m 형	목표를 명확히 세우고 성과를 올리지만 인망이 없어 집단 통솔력이 낮다
p M 형	집단 통솔력은 높지만 생산성이 낮다
p m 형	생산성도 집단 통솔력노 낮아 리더로는 부적합하다

우와

사 진격!

부하의 의욕을
불러일으키는 방법

해설 자신의 목표를 많은 사람에게 공표하는 것을 퍼블릭 커미트먼트라고 한다. 개인의 동기도 높아지고 팀도 단결하여 사기를 높일 수 있다.

사용 설명서 팁 사원이나 부하의 사기가 저하했을 때 활용하기 바란다. 단합대회나 팀 회의에서 활용해 보자.

퍼블릭 커미트먼트를 활용하자

자신뿐 아니라 많은 사람 앞에서 목표와 앞으로 할 일을 선언하여 공표하면(퍼블릭 커미트먼트) 할 수밖에 없는 상황이 되어 목표를 달성할 확률이 높아진다. 그렇다고 해도 기본적으로는 외발적 동기부여보다 내발적 동기부여 쪽이 동기부여가 높아 의지가 지속되므로 장기적으로 의지를 올리고 싶은지 단기적으로 올리고 싶은지에 따라 양자를 구분해 사용하면 좋다.

신규 프로젝트를
성공시켜 보자!

우우

목표를 공언·공표하면 주위의
기대에 부응하려고 분발한다.

호손 효과

해설 주위로부터 특별 취급을 받으면 자기현시욕이 충족되고 능력과 컨디션이 향상되어 평소 이상의 성과를 올리는 효과를 말한다.

사용 설명서 팁 자기현시욕이 충족되어 행복감이 높아지면 사람은 평소보다 많은 능력을 발휘하므로 상대의 마음을 잘 북돋워 주면 좋다.

사람의 기대에 부응하고 싶다

자신만 다른 사람과 다른 특별 취급을 받으면 으쓱해져서 기분이 좋아진다. 자신은 주위로부터 제대로 인정받지 못하고 있다고 느끼거나 혹은 좀 더 인정받기 원하는 사람일수록 특별 취급받았을 때 느끼는 쾌감과 행복감은 그렇지 않은 사람보다 크다. 상사나 동료로부터 주목받으면 으쓱해지고 기분이 좋아져서 생산성이 올라갈지 모른다.

① 주위로부터 주목받는다

② 만족감 · 긴장감 업

③ 부응하는 행동을 한다

④ 여러 가지 일을 잘 처리한다

이쪽은 △△ 지사에서 온 전설의 영업사원입니다

처음 뵙겠습니다! 전설의 영업사원입니다

우와~ 대단해

원하는 일을 부탁하는 방법

해설 부탁을 할 때 아주 사소하게 방법을 바꾸기만 해도 자신의 의견을 상대에게 쉽게 승낙받을 수 있는 것이 의식의 자동성과 클라이맥스법, 안티클라이맥스법이다.

사용 설명서 팁 영업, 프리젠테이션, 부탁, 교섭 시에 참고가 된다. TPO에 맞추어 적절히 구분해서 사용해 보자.

이유를 말하면 승낙률 up!

의식의 자동성(automaticity)이란 '요청을 받으면 사람은 깊이 생각하지 않고 행동을 단행한다'라는 심리 현상. 심리학자 엘렌 랑거가 복사기 앞

복사 순서를 새치기당하고 싶지 않은 것은 당연한데도 불구하고 많은 사람이 승낙했다. 사람에게 무언가를 부탁할 때는 단지 '○○ 할 수 있을까요'라고 말할 것이 아니라 이유(관계없는 일이라도)를 대면 쉽게 승낙한다.

요구 사항만을
말한다 **60%**

먼저 복사해도
되겠습니까?

**진짜
이유를 말한다**

94%

급해서 그런데 먼저
복사를 해도 되겠습니까?

**그럴싸한 이유
를 말한다**

93%

지금 바로 복사하지 않으면
안 되므로 먼저 복사해도 되
겠습니까?

에서 차례를 기다리는 무리에 끼어들어 먼저 복사하게 해 달라고 부탁하는 실험을 통해 증명했다. 실험 내용과 승낙률은 왼쪽 아래와 같다.

상대에 따라서 이야기 전달 방법을 바꾸어 본다

이야기를 전달하는 방법에 따라 결론을 마지막에 말하는 것을 클라이맥스법, 결론을 먼저 말하는 것을 안티클라이맥스법이라고 한다.

★ 클라이맥스법

먼저 설명을 하고 마지막에 결론을 전달한다. 형식에 고집하는 사람과 완고한 상대에게 적합하다. 면담이나 면접과 같이 상대가 이쪽의 이야기에 흥미를 갖고 있는 경우에 적합하다.

★ 안티클라이맥스법

먼저 결론을 말하고 나중에 설명을 한다. 논리적이고 합리적이며 성급한 상대에게 적합하다. 프레젠테이션이나 첫 영업 등 상대가 들을 준비가 되어 있지 않고 말하는 사람에게 흥미를 갖고 있지 않은 경우에 적합하다.

Knowledge

엘리베이터 피치라는 화술이 있다. 클라이언트나 상사와 함께 엘리베이터를 함께 타고 있는 불과 15~30초 정도에 용건을 전달하는 방법이다. 핵심부터 바로 전달하고, 한정된 시간을 유효 활용한다. 이쪽의 요구뿐 아니라 상대가 얻을 수 있는 이점까지 전달할 수 있으면 더 좋다.

제
5
장

업무에 도움 되는 심리학

꾸짖고 명령하는 기술

해설 꾸짖을 때는 감정이 쉽게 드러나기 때문에 숨겨진 심리가 겉으로 표출된다. 상대가 어떤 태도로 나오는지를 냉정하게 보면 당신에 대해 갖고 있는 심층 심리를 알 수 있다.

사용 설명서 팁 상사의 성격을 간파할 절호의 기회. 아래의 예를 참고로 해서 어떻게 꾸짖고 어떻게 명령해야 신뢰도를 높일 수 있는지 익히기 바란다.

꾸짖는 방법을 보면 알 수 있는 심리

냉정하게 잘못을 꾸짖거나 명령하는 게 아니라 반은 욱하는 심정으로 부하를 매도한다면, 그 상사는 자신의 정신적 안정을 도모하고 있다고도 할 수 있다. 사람은 감정적으로 꾸짖을 때 숨겨진 심리가 드러난다. 특징적인 3사례를 소개한다.

★ 부하의 자리까지 일부러 와서 꾸짖는다

상하 관계를 중시하는 사람. 상대는 자신보다 아래 사람이라는 의식에서 내려다보듯이 명령한다. 자신의 보신에만 급급하는 성향이 있어 부하가 실수를 했을 때 감싸줄지 어떨지 신용할 수 없다.

어떻게 된 거야?

자신의 출세를 우선한다. 부하의 공적을 가로채는 유형일지도 모른다. 실수를 부하의 탓으로 돌릴 수도 있으므로 조심해야 한다.

★ 자신의 자리로 불러 꾸짖는다

자신은 앉아서 부하를 세워놓은 채 꾸짖는 것은 자신의 지위는 절대적이라고 생각하고 있다는 증거. 부하는 자신이 필요할 때 쓰는 장기의 말이라는 의식을 갖고 있어 함께하기 곤란한 타입이다.

어이!
이리 와봐!

부하를 필요 이상으로 매도하는 상사도 있기 마련. 그런 사람은 내면에 콤플렉스가 있을 수도 있다.

★ 사람이 보지 않는 장소로 불러 꾸짖는다

자신과 부하를 인간으로서 동격으로 생각하고 입장을 존중해 준다. 부하의 입장을 생각해서 꾸짖는 것을 알 수 있다. 함께하면 좋은 타입이다.

이리 와봐!

회의실

남들 눈에 띄지 않는 곳에서 꾸짖는다. 이러한 배려는 당신이 누군가를 꾸짖을 때도 참고하기 바란다.

• Knowledge

좌천이나 구조조정, 감봉 등 상대가 받아들이기 힘든 말을 전할 때는 '미안하지만…'이라고 어설프게 말하기보다 오히려 '실패했으니 좌천', '실적이 나빠서 감봉'이라고 분명히 전달하는 것이 상대의 불쾌감을 줄인다는 연구 결과도 있다.

깨진 유리창 이론

해설 미국의 범죄학자 조지 켈링과 제임스 윌슨이 발표한 이론으로 경미한 범죄를 방치하면 그것이 보다 중대한 범죄가 일어날 수 있는 환경을 만들어내는 요인이 되는 것을 가리킨다.

사용 설명서 팁 사내의 사소한 풍기 문란과 같이 작은 일에도 세심하게 신경을 쓰면 좋다. 건전한 직장 분위기가 실적 향상으로 이어진다.

범사에 만전을 기한다

깨진 유리창 이온(broken window theory)은 빈 건물의 깨어진 유리창, 그 하나를 방치하면 연이어 옆 유리창도 깨진다는 것을 말한다. 즉 사소한 일(범사)을 방치하면 그것이 누구도 주의를 기울이지 않는다는 상징이 되어 마침내 다른 유리창도 모두 깨진다.

업무 시작
10분 전입니다!

뽀득
뽀득

한 사람 한 사람이 작은 일에 신경을 쓰면 전체적으로 좋은 환경을 유지할 수 있다.

하인리히 법칙

해설 1:29:300의 법칙이라고도 하며 1건의 중대한 사고 뒤에는 29건의 특징적인 사건이 있고 다시 300건의 위험천만한 상황(medical incident, 중대한 사고로 이어지지 않았지만 하마터면 사고가 날 뻔한 아슬아슬한 상황)이 있다고 한다.

사용 설명서 팁 히야리핫토를 없애면 중대한 사고·재해는 방지할 수 있다. 그러려면 불안전한 행동과 상태를 사전에 제거해야 한다.

▌사고·재해의 피라미드 구조

훗날 '재해 방지의 그랜드파더'라 불리게 되는 미국의 손해보험회사에서 기술·조사부 부부장을 맡았던 하버드 윌리엄 하인리히에 의해서 도출된 법칙. 중대한 사고·재해를 방지하기 위해서는 히야리핫토가 일어난 단계에서 대처하는 것이 중요한데, 그를 위해서는 평소부터 한 사람 한 사람이 범사에 만전을 기할 필요가 있다.

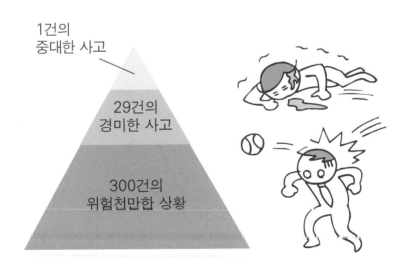

1건의
중대한 사고

29건의
경미한 사고

300건의
위험천만한 상황

헤일로 효과

해설 미국의 심리학자 손다이크가 만든 조어로 어느 현저한 특징에 이끌려서 다른 특징이 포지티브 혹은 네거티브 방향으로 일그러지는 심리학적 효과를 가리킨다. 후광효과라고도 한다.

사용 설명서 팁 인상 조작으로 영업사원의 매출 향상에 활용할 수 있다. 또한 피할 수 있는 손해를 보지 않기 위해서라도 네거티브 헤일로 효과에는 주의하자.

▍사람은 겉모습이 몇 %인가?

헤일로 효과는 인지 바이어스의 하나. 2종류가 있으며 포지티브로 인지되는 '포지티브 헤일로 효과'는 유명 대학을 졸업했다거나 글자를 예쁘게 쓴다는 것만으로 인격까지도 우수하다고 평가받는 경향이 있다. 한편 '네거티브 헤일로 효과'로 인해 고졸이라거나 글씨를 지저분하게 쓰면 실제로 업무 능력이 뛰어나도 제대로 평가받지 못하는 일이 있다.

하버드에서 M B A
파리에서 유학했습니다

역시 대단하구나

겉모습이 말쑥하면 후광이 비쳐 고학력이라는 것만으로도 우수한 인재로 평가받기도 한다. 물론 학력 사칭은 엄금!

자이언스 법칙

해설 | 미국의 심리학자 자이언스가 발견한 법칙으로 사람은 물건이나 사람에 대해 접촉 횟수가 많을수록 좋은 인상을 갖게 된다. 단순 접촉의 효과라고도 불린다.

사용 설명서 팁 | 호감도를 높이기 위해서는 접촉 빈도를 늘리는 것이 효과적. 60분짜리 면담 1회보다 10분짜리 면담 6회가 효과가 크다.

사람은 접촉 횟수가 많을수록 좋은 인상을 갖는다

자이언스는 다음과 같은 실험을 했다.

대학 졸업 앨범 중에서 12명의 사진을 선택하고 피험자에게 보인다. 각 사진을 보이는 횟수는 사진에 따라서 1~15회로 불규칙하다. 사진을 모두 다 보이고 나서 12명의 사진을 나열하고 가장 인상이 좋은 사진을 고르도록 했다. 그랬더니 피험자는 25회 본 사진을 선택했다. 이 실험에서 그는 '사람은 접촉 횟수가 많을수록 좋은 인상과 호감을 갖게 된다'라는 자이언스의 법칙을 발표했다.

접촉 횟수가 많으면 호감도가 높아지기 때문에 연애를 할 때도 한 번 거절당했다고 포기하지 말고 끈기 있게 도전하면 성공률이 높아질지 모른다.

링겔만 효과

해설 혼자서 작업을 할 때보다 집단으로 작업을 하는 것이 1인당 작업량이 저하하는 현상을 가리킨다. 사회적 부실이라고도 한다.

사용 설명서 팁 집단의 효율을 높이기 위해서는 개인의 의욕을 높여 공헌도와 성과를 가시화하면 좋다.

┃ 줄다리기를 통해 알게 된 인간의 집단 심리

인간은 집단 속에서 1인이 전체에 미치는 공헌도와 성과가 잘 파악되지 않기 때문에 각자의 의욕이 저하하여 '내가 좀 덜 해도 상관없겠지'라고 생각하는 탓에 혼자서 작업할 때보다 효율이 저하한다. 독일의 시인 괴테가 '혼자서 돌을 들어 올릴 의욕이 없다면 둘이서도 들어 올리지 못한다'고 한 말이 딱 들어맞는다.

프랑스의 농학자 링겔만은 줄다리기 시험에서 줄을 당기는 인수가 많아질수록 1인당 줄을 당기는 힘이 줄어드는 것을 수치화했다.

동조·집단의 압력

해설 사람은 주위의 의견에 자연히 동조하는 생물. 집단의 무의식적인 압력에 영향을 받기 십상이다.

사용 설명서 팁 사람이 많을수록 동조 현상은 쉽게 일어난다. 무언가 판단을 할 때는 정말로 자신의 의견인지 점검해 보자.

사람은 이야기의 내용보다 인수에 좌우된다

미국의 심리학자 애쉬가 한 동조 실험이 있다. '어느 길이의 봉이 있고 이것과 같은 길이의 것을 선택하라'는 누구나가 알 수 있는 문제를 제시했다. 회답자가 혼자일 때는 거의 100%의 사람이 정답이었음에도 불구하고 바람잡이(실험 협력자)를 참가시켜 틀린 대답을 하게 하면 정답률이 약 80%로 저하했다고 한다. 또 바람잡이가 늘어남에 따라 정답률이 낮아졌다. 한편 '분위기를 읽어라'고 말하는 풍조도 동조와 집단의 압력이다. 규범적 영향을 받아 판단을 선택하는 것이다.

물론입니다!

물론!

물론!

회사를 위해서라면
야근 정도는 당연하지

무…

블랙기업에 흐르는 분위기에 휩쓸리지 않노록 하자. 동조자글 만드는 깃이 이려울 때는 도망치는 용기를 갖는 것도 낳뇨아냐.

방관자 효과

해설 미국의 심리학자 라타네와 달리가 제창한 집단 심리. 어느 일에 대해 자신 이외에도 방관자가 있는 경우 솔선해서 행동에 나서지 않는 심리를 말한다.

사용 설명서 팁 방관자 효과는 방관자가 많을수록 그 효과가 크다. 누군가에게 도움을 받고 싶을 때 어떻게 하면 좋은지 알아두자.

사람은 어떤 상황에서 타인을 돕는가?

귀가 도중에 괴한에게 습격을 받은 여성이 큰 목소리로 도움을 요청했지만 인근 주민 누구 하나 경찰에 연락하지 않은 사건이 있었다. 이 사건을 계기로 라타네 등은 방관자 효과에 주목했다. '많은 사람이 알고 있었기 때문에 아무도 행동을 하지 않았다'라는 사실을 깨달았다.

○○ 씨, 도와줘!

누군가 도와주세요~

응? 나?

'누군가 도와 주세요'라고 말을 해서는 아무도 행동 하지 않는다. 특정 누군가 를 지명하는 것이 효과적 이다.

리스키 시프트

해설 집단에서 논의를 거쳐 의사 결정을 하면 개인이 독립해서 의사 결정을 하는 것보다 위험성이 높은 선택을 하는 경향이 있는 것을 말한다.

사용 설명서 팁 회사의 회의나 가족회의와 같이 많은 사람이 모였을 때 각자의 의견이 어떻게 움직이는지 냉정하게 관찰해 보자.

집단의 결정은 보다 대담해진다

1961년 메사추세츠 공과대학 대학원생이었던 제임스 스토너는 어떤 사실을 발견을 했다. '개인 자격일 때는 비교적 온건한 태도를 보이던 사람도 집단 속에서는 대담한 방향으로 의견을 바꾼다'라는 것이다. 이처럼 집단 토론에서는 다수의 의견을 좇아 극단적인 방향으로 결정하는 현상을 모험 이행(리스키 시프트, risky shift)이라고 한다.

벤처기업 등 모험적이고 첨예적인 집단에서는 리스키 시프트가 일어나기 쉽다.

관료적·보수적 조직이라면 현상을 유지하는 방향으로 집단이 향하는 경향이 있다. 이것을 커셔스 시프트(보수 이행, cautious shift)라고 한다.

공격하자!

음…

상황을 지켜 보기로 하자

우오

역시 그게 좋겠네요

●●● Knowledge

유대인의 오랜 가르침에 따르면 '전원 일치는 무효'라고 했던가. 인간은 절대가 아니기 때문에 전원일치라는 것 자체가 잘못 됐다는 것이다. 이견이 있을 정도의 의견이야말로 비교적 믿을 수 있다는 것은 살아가는 지혜일 것이다.

팀의 성과를 올리려면?

해설 심리학자 맥그리거가 제창한 모티베이션 이론 'X이론과 Y이론'을 소개한다. 팀 멤버에 대해 성선설을 취할 것인가 성악설을 취할 것인가의 차이가 있다.

사용 설명서 팁 과거 기업은 X이론을 따랐지만 현재는 사람이 가진 능동성을 믿는 Y 이론파가 늘어나고 있다고 한다. 매니지먼트에 참고하면 좋다.

회사, 팀내 멤버의 상성을 알 수 있는 테스트

팀내 모든 멤버의 벡터가 일치하는 것이 이상적이지만 사람이 모이면 아무래도 좋고 싫고와 이해관계가 생겨나는 법. 그런 때는 소시오그램 (sociogram)을 만들어 집단 내 관계를 파악한다. 소시오그램은 심리요법가인 모레노가 고안했다. 팀의 멤버 한 사람 한 사람에게 자신이 좋아하는 멤버, 싫은 멤버를 지명하도록 하고, 이를 토대로 상관관계도를 만든다. 이것을 통해 누가 핵심 인물인지, 누구와 누가 사이가 좋은지를 보고 팀 편성을 고려한다.

사내의 파벌 관계를 파악할 때 소시오그램은 도움이 된다.

'한번 해봐'라고 말할 수 있는가?

'한번 해봐(얏테미나하레)'는 산토리의 창업자 토리이 신지로(鳥井信治郎)의 말. 사원의 자주성을 존중하는, 맥그레이가 말하는 Y이론에 해당한다. 한편 X이론은 '사람은 게으른 생물'이라고 생각하고 엄격하게 관리를 한다. 둘 중 어느 쪽의 성과가 오를까?

★ X이론

사람은 원래 게으른 생물이라는 가치관

사원이나 구성원은 가만히 내버려두면 일하지 않고 게으름을 피운다고 생각하고 명령과 통제, 관리가 필요하다는 개념. 시간 단위로 업무 보고를 의무화하는 기업도 있다. 멤버의 역부족이나 사기가 저하되는 것을 느낄 때는 때로 스파르타식 교육·관리 체제가 필요할 것이다. 단 엄격하기만 하면 안 되고 그 앞의 목표를 내거는 것이 중요하다.

★ Y이론

사람은 스스로 나서서 일하는 생물이라는 가치관

그야말로 '한번 해봐'의 정신. 사람에게 일하는 것은 즐거움이며 사회로부터 인정받고자 하는 욕구가 있으므로 자진해서 일을 한다고 생각한다. 사람의 성선설에 입각한다고 할 수 있다. 구성원의 자주성을 존중하고 각자의 목표 실현을 촉구한다. 리더는 구성원들이 조직을 위해 한 방향으로 나아갈 수 있도록 하는 것이 중요하다.

Knowledge

X이론과 Y이론의 중간에 Z이론이라는 것도 있다. 전적으로 맡기는 한편 어느 정도의 신뢰와 배려를 중시한다.

학습은
법칙화할 수 있다

에드워드 L. 손다이크

Edward L. Thorndike (1874~1949)

미국의 심리학자. 심리학의 행동주의와 학습연구 선구자이다. 동물을 이용한 학습 연구를 수행하고 학습은 자극 상황과 반응 상황의 결합의 강약에 의한다고 하는 자극-반응이론(결합주의)을 주장했다. 교육 평가의 아버지로도 알려져 있으며『교육심리학』을 저술했다.

행동을 분류하고
관찰한다

벌허스 프레더릭 스키너

Burrhus Frederic Skinner (1904~1990)

미국의 심리학자로 행동분석학의 창시자로 알려진 인물. 사람과 동물의 행동을 리스폰던트(고전적)와 오페란트(조작적)로 분류하고 행동분석학의 기초를 구축했다. 쥐를 대상으로 스키너 상자라 불리는, 레버를 누르면 자동적으로 먹이가 나오는 상자형 실험장치를 고안한 것으로도 알려져 있다.

모델링에 의한
학습을 제창

앨버트 반두라

Albert Bandura (1925~)

캐나다의 심리학자. 학습하는 주체의 경험이 전제였던 행동주의 학습 이론에 대해 관찰에 의해서도 학습이 성립한다는 사회적 학습 이론을 제창했다. 보보인형을 사용한 실험(반두라의 실험)을 수행하여 모델링에 의한 관찰 학습 효과를 밝혔다.

환경이 주는 행위의 의미에 주목

제임스 제롬 깁슨

James Jerome Gibson (1904~1979)

미국의 심리학자. 신경계가 인식을 만든다는 인지심리학에 대항하여 '마음'이 직접 환경적인 자극을 인식한다는 직접 지각설을 제창했다. 환경이 사람과 동물에 작용하는 행위의 가능성(의미)인 어포던스* 개념을 제창하고 생태심리학 분야를 개척했다.

'어포던스(affordance) : 주변사를 아려고 알 때 눈에미아는 생모 삼삭

환경보다 주관적
인식이 중요하다

쿠르트 코프카

Kurt Koffka (1886~1941)

독일 태생의 유대계 심리학자. 게슈탈트 심리학의 창시자 중 한 명. 주체가 객관적으로 존재하는 환경이 아니라 주체가 인지한 주관적 환경에 따라 행동한다는 행동적 환경의 개념은 깁슨에 영향을 줘 어포던스 이론을 구축하는 데 공헌했다.

조현병의
특징을 정리했다

쿠르트 슈나이더

Kurt Schneider (1887~1967)

독일의 정신의학자. 조현병의 진단과 해석에 대해 연구했다. 조현병을 다른 정신질환과 구별하고 '슈나이더의 1급 증상'이라고 해서 그 특징을 정리했다. 또한 자신의 임상 경험을 토대로 정신질환을 10개로 분류한 것으로도 알려져 있다.

발달에는 최적 레벨의
과제가 있다

레프 세묘노비치 비고츠키

Lev Semyonovich Vygotsky (1896~1934)

벨라루시 출신의 구소련 심리학자. 기존의 심리학을 비판하고 유물론심
리학을 제창했다. 발달심리학을 비롯해 폭넓은 연구 분야에서 활약했다.
특히 근접발달영역(ZPD : Zone of Proximal Development) 이론으로
유명하다.

동기에 영향을
미치는 요인을 발견

프레드릭 허츠버그

Frederick Herzberg (1923~2000)

미국의 임상심리학자. 2요인(two-factor) 이론을 제창하고 업무의 만
족·불만족을 동기부여 요인과 위생 요인의 관점에서 분석하여 현대 비
즈니스 매니지먼트의 개념에 큰 영향을 미쳤다.

제6장
연애에 도움 되는 심리학

사람은 이성(異性)의 무엇을 보고 매력을 느낄까. 심리학에서 그 대답을 찾을 수 있다. 또한 상대로 하여금 나에게 호의를 품게 하는 비결이 있다고도 한다. 이번 장에서는 연애에 도움 되는 테크닉 외에 결혼, 출산, 육아와 남녀가 엄마 아빠가 됐을 때 알아야 할 점에 대해서도 언급했다. 남녀 간의 문제 해결에 참고하기 바란다.

이성의 매력

해설 타인에게 매력을 느끼는 시간은 0.5초, 남성은 빠르면 8.2초에 사랑에 빠진다고도 한다(여성은 그렇지 않은 것 같다). 우리들은 이성의 무엇에 매력을 느끼는 걸까.

사용 설명서 팁 자신은 어떤 사람을 좋아하는 성향이 있는지를 알면 연애를 잘 할 수 있다!? 연애 상대와 결혼 상대는 기준이 다른 만큼 참고가 된다.

여성은 아빠와 비슷한 남성을 좋아하는 성향이 있다

캘리포니아 주립대학의 실험에 따르면 아빠의 사진을 지참하도록 한 후에 여대생을 모아 여러 명의 남성 사진을 보인 후 어느 남성과 교제하고 싶은지를 질문했다. 절반 이상이 자신의 아빠와 비슷한 사람을 골랐다.

병아리가 처음으로 본 것을 부모라고 생각하는 것과 마찬가지로 태어나서 처음으로 대한 이성이 아빠이기 때문에 무의식적으로 아빠와 비슷한 남성을 찾는 것도 무리는 아닐 것이다. 반대로 남성도 엄마와 비슷한 여성을 선택하는 성향이 있다.

자신과 비슷한 사람을 좋아한다

사람은 자신과 같은 행동, 언동을 하는 상대를 좋아하는 성향이 있다. 또 자신과 얼굴이 비슷한 사람을 선호하는 것 같다. 한 연구에 따르면 부부는 얼굴을 구성하는 요소가 비슷하게 생겼다고 하던가. 눈과 눈의 거리와 귓불의 길이, 가운뎃손가락의 길이 등이 비슷하다고 한다. 주위에 있는 커플을 관찰해 보자.

구혼 활동을 할 때는 자신과 비슷한 얼굴의 사람을 찾자.

연애는 유사성, 결혼은 상보성

자신과 비슷한 사람과 사랑에 쉽게 빠지는 한편 막상 결혼할 상대를 찾을 때는 서로를 보완해 줄 수 있는 재능과 성격인지에 주목한다고 한다. 이른바 상보성이다. 조금 야무지지 못한 남편에게 충실하게 돌봐주는 아내가 있거나 연약한 여성을 지키는 것을 자랑스럽게 느끼는 몸도 마음도 마초인 남편이 있는 것을 보면 납득이 된다.

부부는 한 쌍의 반사경인 셈이다.

근접성 효과

해설 사람은 물리적으로 가까운 거리에 있어 만날 기회가 잦을수록 상대를 좋아하는 경향이 있다. 거리에 따라서 얼마큼의 차이가 있는지 살펴보자.

사용 설명서 팁 상대가 나를 좋아하도록 하기 위해서는 물리적으로 가까운 거리에 있는 것이 가장 가까운 길이라고 할 수 있다. 그러나 양호한 관계를 구축하기 전에 너무 가까워지면 역효과가 나므로 적당한 거리를 유지하는 것에 유념해야 한다.

가까이에 있는 사람일수록 좋아진다

미국의 심리학자 페스팅거가 기숙사에 사는 대학생을 대상으로 실시한 실험에서 기숙사에 들어온 지 반년 후에 친구가 된 확률은 물리적인 거리가 가까울수록 높은 것으로 밝혀졌다.

기숙사에 들어온 지 반년 후 친구가 될 확률

바로 옆방에 사는 사람과는 **40%**

방 하나 건너 사람과는 **22%**

방 두 개 건너 사람과는 **16%**

방 세 개 건너 사람과는 **10%**

호의의 반보성

해설 미국의 심리학자 페스팅거가 제시한 이론. 사람은 자신에게 호의를 가진 사람에게 호의를 갖는 성질이 있다.

사용 설명서 팁 누군가와 가까이 지내고 싶다면 우선 그 사람을 좋아할 것. 그리고 말과 태도로 전달할 것. 그것이 상대가 나를 좋아하게 하는 가장 빠른 길이다. 눈이 매우 중요하다는 것을 명심하자.

▌반짝반짝 빛나는 눈을 한 여자에게 남자가 넘어가는 이유

사람은 호의를 보이면 호의로 보답하고 싶어지고 은혜를 입으면 은혜를 갚고 싶은 심리가 있다고 한다. 이것을 반보성 원리라고 한다. 한편 인간은 상대에게 흥미를 가지면 자연히 동공이 커진다. 그리고 동공이 열린 눈동자를 보고 '상대가 나에게 흥미를 갖고 있구나'라고 무의식으로 느낀다.

말로 호의를 전달하는 것이 가장 빠르다. 자기를 좋아해주기를 바라는 사람이 있다면 항상 눈을 크게 뜨고 대하면 좋다.

퍼스널 스페이스

> 해설 다른 사람의 침입을 거부하는, 자신의 주위를 둘러싸고 있는 심리적인 공간을 퍼스널 스페이스라고 한다. 가까운 사이라면 그 거리는 좁아진다.

> 사용 설명서 팁 원활한 대인관계를 위해서는 상대의 퍼스널 스페이스를 알아두는 것이 좋다. 자신에게도 상대에게도 기분 좋은 거리감을 찾아보자.

4유형의 거리감, 경계선에 조심하자

만원 지하철 안에서 불쾌감을 느끼는 이유는, 연인이라면 상관없는 거리에 타인이 침입해 와서 자신의 장막(퍼스널 스페이스)을 휘젓기 때문이다. 미국의 문화인류학자 에드워드 홀이 제기한 4유형의 거리감을 이해하고 상대와 거리를 유지하자.

★ 친밀한 거리

★ 개인적 거리

가까운 개인적 거리
(45~75cm)
손을 뻗으면 닿는 거리,
친구 이상 연인 미만

가까운 친밀한 거리
(0~15cm)
상당히 가까운 둘의 거리.
특별한 존재만 들어온다.

먼 친밀한 거리
(15~45cm)
손이 닿는 거리, 친한 사이. 타인이 침입해 오면 스트레스가 된다.

먼 개인적 거리
(75~120cm)
친구와의 거리

먼 사회적 거리
（200〜350cm）
사무적이고 공식적인
관계에서 유지되는 거리

★ 공적 거리

★ 사회적 거리

먼 공적 거리
（750cm〜）
강연이나 연설할 때 강사와 청
중 사이의 거리. 몸동작과 손동
작이 필요하다.

가까운 사회적 거리
（120〜200cm）
상대에게 닿는 것이 어
려운 거리. 업무 동료와
의 거리

가까운 공적 거리
（350〜750cm）
1대 1로 이야기하기에
아슬아슬한 거리

▎거리감에 따라서 상대에 대한 호의 정도를 알 수 있다

　연인에게밖에 허락되지 않는 거리, 형식적인 사이의 거리 등 사람은 상
대와의 친밀도에 따라서 물리적 거리를 바꾼다. 무의식중에 자신이 장막을
치고 있다는 점을 의식하면 자신이 상대를 어떻게 생각하고 있는지 깨달을
수 있을 것이다.

　한편 상대에게 호의를 품고 있다는 사실을 자연스럽게 전달하고 싶다면
의식적으로 다가가는 노력을 해 보자. 상대가 그것에 응한다면 당신에게
마음을 허락하고 있다는 증거다.

Knowledge
허그를 하는 습관이 있는 국가가 있듯이 퍼스널 스페이스는 국가나 민족에 따라서 차이가 있다.

싱크로니

해설 싱크로니란 동조의 뜻. 상대와 똑같은 행동이나 비슷한 취향을 가지면 상대로부터 호감을 받을 수 있다. 호흡을 맞추는 것의 효과를 알 수 있다.

사용 설명서 팁 연애는 물론 설득하고 싶은 거래처가 있으면 의식적으로 적극 싱크로니해 보자.

상대를 관찰, 빈틈없이 흉내 낸다

상대가 끄덕이면 같이 끄덕이며 반응해 주고, 상대가 먹을 것을 입에 넣으면 당신도 바로 먹을 것을 입에 넣는다. 사람은 자신과 같은 동작을 하는 사람에게 호감을 보인다. 상대의 호의를 얻고 싶다면 우선은 흉내를 내보자.

쪽쪽

쭈욱

같은 옷, 같은 메뉴를 선택하고 같은 행동을 취한다.

바넘 효과

해설 일반적인 이야기나 누구에게나 적용되는 내용을 마치 자신만을 위해서인 것으로 받아들이는 현상. 포러 효과라고도 한다.

사용 설명서 팁 점의 결과에 일희일비하지 않게 된다. 텔레비전의 광고를 보고 정보를 올바르게 받아들일 수 있는 능력을 얻을 수 있다.

A형 인간은 모두 착실한가?

바넘 효과를 이해하는 데 도움 되는 좋은 예이다. '당신은 착실한 면도 있지만 다소 대범한 구석도 있다'라고 적힌 내용은 대다수의 사람에게 적용되어 누구라도 자신은 그렇다고 납득할 것이다. 어원이 된 미국의 흥행사 피니어스 바넘은 '우리는 누구에게나 적용되는 무언가를 갖고 있다'고 생각하고 교묘한 광고를 게재했다.

잘 생각해보면 누구에게나 적용되는 내용이 아닐까?

보사드 법칙

해설 근접성 효과(220쪽)와 비슷하지만 남녀 간의 물리적 거리가 가까울수록 심리적인 거리감은 좁아진다는 법칙.

사용 설명서 팁 연애를 성취하고자 할 때. 특히 원거리 연애 중인 커플에게 도움이 된다. '이 사람이다!'라고 생각하는 사람이 있으면 거리적으로 떨어지지 않기를 권장한다.

원거리 연애는 역시 어려운가?

미국의 심리학자 보사드는 약혼 중인 커플 5,000쌍을 대상으로 두 사람의 물리적 거리와 결혼 성사 여부를 조사했다. 그에 따르면 거리가 멀수록 결혼에 골인하지 못했고 약혼 중인 커플 중 33%가 반경 5블록 이내에 살고 있다는 것도 알게 됐다. 먼 연인보다 가까운 타인일지 모른다. 원거리 연애 중인 커플은 요주의하기 바란다. 한편 목적하는 사람이 있다면 가까운 곳으로 이사하는 것도 고려하자(부디 스토커가 되지 않도록).

휴대전화나 전화로는 메울 수 없는 것이 남녀 간의 거리

신경 쓰이는 사람과 앉는 방법

해설 사는 곳의 거리뿐 아니라 앉을 때의 거리도 계산(?)에 넣으면 상대와의 심리적 거리가 좁혀진다. 옆자리에 앉는 것이 중요하다는 걸 명심하자.

사용 설명서 팁 연애를 성취하고자 할 때. 친구 이상 연인 미만인 커플에게 도움이 된다.

옆자리에 앉아 친밀한 거리가 되면 마음의 거리도 가까워진다

퍼스널 스페이스에도 나온 얘기지만 친밀한 거리(0~45cm)가 유지되는 사이는 연인이 된다는 증거. 옆자리에 앉으면 자연스레 거리가 가까워지므로 레스토랑에서는 테이블이 아닌 카운터 좌석에 나란히 앉아 식사를 하자. 드라이브 데이트를 하면 친해질 수 있는 것도 옆자리에 앉아 거리가 가까워지기 때문일지도.

드라이브에서

레스토랑에서

가까이에 앉아만 있어도 '이 사람에게는 마음을 허락할 수 있다'라고 착각한다.

필링 굿 효과

해설 사람은 편안한 환경에 있으면 그 자리에 함께 있는 사람에게도 좋은 감정을 품는다. 이것을 말 그대로 필링 굿 효과라고 한다.

사용 설명서 팁 연애나 비즈니스 교섭 장소를 선택할 때 도움이 된다. 중요한 일은 기분 좋은 장소를 선택하거나 방을 환기시키고 꽃을 장식하면 좋다.

습도가 높으면 기분도 가라앉는다

심리학자 그리피트는 기온과 습도가 사람의 인상에 어떤 영향을 주는지 실험했다. 쾌적한 환경에서 대기한 그룹과 불쾌한 장소에서 대기한 그룹 각각에게 A씨가 있는 곳으로 들어오게 해서 잡담을 한 결과 쾌적한 기분의 그룹 쪽이 A씨에게 좋은 인상을 가졌다고 한다. 또한 무언가를 부탁할 때 좋은 향기가 나는 방에서라면 쉽게 응해 준다는 실험 결과도 있다.

실온 → 시원하다	실온 → 높다
습도 → 낮다	습도 → 높다
좋은 향기가 난다	향기가 나지 않는다

아로마 종류에 따라서 어떤 효과가 있는지 구분할 수 있으면 달인의 경지

현수교 효과

해설 사람은 공포를 느낄 때의 두근거림을 연애할 때의 두근거림과 착각한다. 이것을 현수교 효과라고 한다. 슬퍼서 우는 건지 울기 때문에 슬픈 건지(103쪽)의 내용과도 비슷한 심리이다.

사용 설명서 팁 마음에 드는 사람과 데이트 할 때는 흥분이나 두근거림을 느낄 수 있는 장소로 가자.!

이성에 대한 두근거림이라고 착각하는 오귀인

캐나다의 심리학자 도널드 더튼과 아서 아론은 남성을 대상으로 튼튼한 다리와 현수교 중 어느 한쪽으로 건너도록 한 후 여성과 만나게 하는 실험을 했다. 그러자 크게 흔들리는 현수교를 건넌 남성 쪽이 여성에게 좋은 인상을 갖는다는 것을 알았다. 진짜 원인(현수교의 두근거림)을 다른 원인(여성에게 느끼는 두근거림)으로 착각하는 오귀인(misattribution)이 일어난 것이다.

자신이 아닌 다른 일로 두근거리도록 데이트 코스를 짜 보자!

런천 테크닉

해설 식사를 하면서 상대와 교섭하는 방법. 맛있는 것을 먹으면서 하는 상담일수록 사람은 쉽게 설득에 응하는 경향이 있다.

사용 설명서 팁 연애, 비즈니스, 모든 교섭 자리에서 도움이 된다. 접대에는 그 나름의 효과가 있다고 할 수도 있겠다.

식사가 맛있으면 상대에게 호감이 간다

식사와 마실 것을 준비한 그룹과 없는 그룹 각각에 질문을 한 결과 준비된 그룹에서 호의적인 대답이 나왔다는 실험이 있듯이 사람은 식사를 하는 상태에서 상대의 요구를 쉽게 받아들인다.

이 식당 별 3개야,
많이 먹어

이것 또한 현수교 효과와 마찬가지로 식사를 할 때 느끼는 좋은 기분을 상대에 대한 호의라고 착각하는 오귀인. 데이트와 상담을 할 때는 맛집을 선택하자.

그런데
결혼해 주세요！

자기개방

해설 약점을 포함해서 자신에 대해 정직하게 밝히는 것을 자기개방이라고 한다. 자기공개는 상대에게 친근함을 느끼게 하는 효과가 있다.

사용 설명서 팁 연애에서 특정 누군가 자기를 좋아해주기를 바랄 때, 직장에서 모두가 자기를 좋아해주기를 바랄 때는 우선 자신부터 마음을 열어보자.

자기개방에는 반보성이 있다

사람과 사람이 친해지려면 자기개방을 빼놓을 수 없다. 자신의 성격과 환경 등에 대해 약점까지도 털어놓으면 상대는 '나를 신뢰해 주고 있다'고 여기고 호감을 갖는다. 또한 상대도 자기개방 의식이 작용하여 마음을 열어준다. 이렇게 해서 사람과의 거리가 가까워진다.

푸념처럼 들리지 않도록 유머를 섞어서 이야기하면 좋다.

스토커

해설 끈질기게 따라다니거나 무언 전화 등의 민폐 행위(스토킹)를 하는 사람. 일본에서는 피해가 심각해지자 2000년에 스토커 규제법도 생겼다*.

사용 설명서 팁 스토커에게는 몇 가지 유형이 있다(아래 참조). 유형에 따른 대책과 대응 방법을 알아두자. 혼자 대응하기 곤란하면 바로 주위에 상담한다.

│ 상대가 싫어한다는 것을 모른다

스토커는 자신의 욕구만 앞서 망상이 커져간다. 상대도 자신을 사랑하고 있고 자신 없이는 살아갈 수 없다는 망상을 품는 클레랑보 증후군이 있는 사람은 인격장애가 의심된다. 단순집착형, 애정집착형, 애정망상형 등의 유형이 있으며 각 유형에 맞는 대책을 강구할 필요가 있다.

SNS 등을 통해 개인 정보를 특정하기 쉬워졌다. 자기 방어 의식을 높이자.

*우리나라의 경우 2013년 3월 22일부터 시행되는 경범죄 처벌법에 지속적 괴롭힘(일명 스토킹, 10만 원 이하 벌금) 등 일부 처벌 조항이 신설됐다.(출처 업코리아)

DV
(도메스틱 바이얼런스)

해설 친밀한 남녀 간에 상대에게 폭력을 휘두르는 것. 일본에서는 2001년 DV 방지법이 시행되어 경찰의 개입이 가능해졌다.

사용 설명서 팁 지원 센터나 셸터 등에 상담을 하거나 피난을 해야 할 때 도움을 구한다. 주위에 의심스러운 사람이 없는지 신경 써야 한다.

DV 사이클

스트레스가 쌓이는 긴장 형성기부터 폭발하는 폭력 폭발기, 폭력을 휘두른 것을 사죄하고 극도로 친절해지는 허니문기가 반복적으로 나타난다. 허니문기에 보이는 친절함이 상대의 원래 모습이라고 착각하기 때문에 문제가 반복되고 겉으로 잘 드러나지 않는다. 제3자가 관심을 갖고 알아차릴 수 있도록 해야 한다.

의사나 자영업자, 공무원 등 좋은 인상이 요구되는 직업을 가진 사람에게서 많다고 한다.

긴장 형성기

허니문기

폭력 폭발기

미안~

결혼으로 얻는 것은?

해설 심리학자 에릭슨은 '결혼은 성인기에 치르는 중요한 발달 과제'라고 했다. 또한 아들러는 '결혼이야말로 행복의 최고형'이라고 말했다.

사용 설명서 팁 라이프스타일이 다양해진 현대 사회에서 미혼 또는 만혼 비율이 빠르게 높아지고 있다. 또한 경제적 불안에서 결혼을 하지 않는 사람도 늘고 있다.

아들러류 결혼 상대의 조건

먼저 결혼에는 상보성이 중요하다고 했다(219쪽).

아들러는 결혼에는 ① 지적 적합성 ② 신체적 매력 ③ 우정을 만들어 유지하는 힘 ④ 자신보다 파트너에 대한 관심 ⑤ 업무를 처리하는 힘 ⑥ 서로 협력하는 자세가 중요하다고 말했다.

> 결혼을 해서 무엇을 얻었는가 하는 설문조사에서 경제적 안정 이상으로 '정신적 안정'이라고 대답한 커플이 대다수. 결혼하는 이점이 경제면보다 심리면에 강하게 작용한다는 결과이다.

행복하게 살아!

축하해!

출산으로 사람은 어떻게 변하나?

해설 아이가 생기면 사람은 변한다. 신체적 변화를 겪는 여성은 말할 것도 없이 많은 변화가 생긴다. 그럴 때 남성은 어떻게 하면 될까?

사용 설명서 팁 여성의 부담이 커지는 가운데 남편은 어떻게 해야 할까? 아내의 불안을 조금이라도 해소하려면 밀착해서 고민과 생각을 공유하자.

부모가 되면 인격은 변한다?

어느 연구에 따르면 사람은 부모가 됨으로써 인격이 변한다고 한다. 일례를 들면 '관용적이고 성격이 둥글어진다', '자신의 욕구를 억제할 수 있게 된다', '정치와 사회 등의 시야가 넓어진다', '인생에 충실감을 얻는다', '타협하지 않고 강해진다' 등 아이로 인해 부모가 성장하는 것이 확실한 것 같다.

과거

현재

아빠가 된 남성은 마치 사람이 변하기라도 한 것처럼 아이를 지나치게 사랑하게 된다. 이것도 발달의 하나일 것이다.

아내의 출산 현장에 참가하여 깊은 감동을 받은 남성도 많다.

제
6
장

연애에 도움되는 심리학

육아와 애착

해설 애정 결핍 아이(affectionless character)와 아이를 혼란에 빠뜨리는 이중구속 (double bind), 애착의 발달 과정을 해설한다.

사용 설명서 팁 양친과 주위 사람들의 애정이 아이들의 발달·성장에 큰 영향을 미친다는 것을 이해한다. 육아를 할 때 큰 참고가 될 것이다.

일그러진 성격의 아이로 키우지 않으려면

애정 결핍 아이란 유소년기에 양친에게 충분히 응석부리지 못한 아이가 성장 후에 나타내는 일그러진 성격을 말한다. 언뜻 붙임성이 좋아 보이지만 시기심과 질투심이 강하고 때로는 잔인한 면을 갖고 있다. 우리 아이가 그렇게 되지 않도록 충분히 응석부리게 하자.

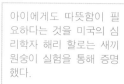
아이에게도 따뜻함이 필요하다는 것을 미국의 심리학자 해리 할로는 새끼 원숭이 실험을 통해 증명했다.

애착과 돌아갈 수 있는 장소

태어나고 나서 3세 정도까지 아이는 부모의 관심을 끌려고 다양한 표정을 보인다. 부모가 여기에 부응하면 둘 사이에 감정의 고리인 애착이 생긴

다. 애착은 아이의 성장에 빼놓을 수 없다고 한 것이 심리학자 존 볼비이
다. 볼비가 제창한 애착의 발달 과정을 소개한다.

1. 전애착(~3개월)
누구든 빤히 쳐다보거나 웃는다.

2. 애착 형성(3~6개월)
양친 등 특정 사람에게 애착을 보인다.

3. 애착 확립(6개월~2세)
모습이 보이지 않으면 우는 등 애착을 가진
상대와 함께 있고 싶어 한다.

4. 목표 수정적 협조 관계(3세 이후)
특정 사람이 없어도 혼자서 지낼 수 있다.

▎이중구속으로 아이를 몰아세우지 않도록

이중구속이란 모순되는 두 메시지를 줌으로써 아이가 어떻게 하면 좋을
지 몰라 하는 상태를 말한다. 아이들에게는 그때그때의 자신의 기분이 아
닌 일관된 의견을 표현하도록 하자. 더블 바인드를 계속 경험하면 아이는
마음을 닫고 마음의 병이 생길 수도 있으므로 주의가 필요하다.

피아제와 콜버그의 발달 이론

해설 스위스의 아동심리학자 피아제(240쪽)의 지능 발달 이론과 미국의 심리학자 콜버그(243쪽)의 도덕성 발달 이론을 살펴본다.

사용 설명서 팁 아이들이 어떠한 과정을 거쳐 어른이 되는지를 이해하고 육아에 참고로 하자.

피아제의 지능의 질적 발달 이론

피아제는 아이의 놀이 등을 연구한 결과 아이의 지능 발달에는 4단계가 있다고 했다. 한편 커텔에 따르면 지능에는 새로운 상황에 적응하거나 기억하는 갖고 태어난 유동성 지능과 경험에 따라서 축적되는 결정성 지능이 있다고 한다.

감각 운동적 지능의 단계 (0~2세)

손에 무언가 닿으면 잡거나 가슴이 있으면 빠는 반사적 행동. 자신의 감각과 운동만으로 세계를 받아들인다.

전조작적 단계 (2~7세)

말과 이미지가 발달하는 무렵. 엄마놀이 등을 하고 이미지로 세계를 받아들이게 된다.

콜버그의 도덕성 발달 이론

콜버그는 3수준, 6단계를 경험함으로써 아이들의 도덕성이 길러진다고 했다. 사람은 개인적 이익만을 생각하는 것에서 차츰 사회적 이익을 생각하도록 발달한다고 한다.

엄마 아빠가
슬퍼하니까
마시지 말아야지!

1. 전관습적 수준 (7~10세)	2. 관습적 수준 (10~16세)	3. 관습 이후의 수준 (16세 이후)
1-① 벌 회피, 복종 벌을 피하기 위해 결정에 따른다.	**2-①** 좋은 아이 지향 상대의 기대에 부응하는 것이 맞다고 생각한다.	**3-①** 사회적 계약 지향 규칙은 합의에 의해서 결정된 것이고 변경 가능하다고 생각한다.
1-② 도구적 지향 자신의 욕구가 충족되는 경우에 따른다.	**2-②** 법과 질서 지향 사회적 규칙이 도덕 판단의 기준이 된다.	**3-②** 보편적 윤리 지향 계약, 법률에 관계없이 자신이 바르다고 믿는 이론을 따른다.

구체적 조작 단계
(7~11세)

보존이라는 개념이 생겨난다. 또한 사물을 보고 논리적인 사고가 가능하다. 넓은 것을 달라도 양은 같다고 대답할 수 있다.

형식적 조작 단계
(11세~성인)

논리적 개념이 정착한다. 가설을 세워 사물을 생각한다. 피아제의 이론에 따르면 11세경부터 이미 어른일지 모른다.

제 6 장

연애에 도움 되는 심리학

사고에는 발달 단계가 있다

장 피아제

Jean Piaget (1896~1980)

스위스의 심리학자. 발달심리학자로서 임상 수법을 확립했으며 인지 발달 단계 이론으로 알려져 있다. 상호작용론의 입장에서 발달은 유전과 환경 양방이 영향을 미친다고 주장하고 특히 아이 자신의 능동적 구축력을 중시하는 입장을 취한다.

모성적 양육이 중요하다

존 볼비

John Bowlby (1907~1990)

영국의 의학자이자 정신분석가. 정신 분석에 동물 행동학적 시점을 도입하여 애착 이론(Attachment Theory)을 확립했다. 제2차 세계대전 후 이탈리아에서 고아원과 고아를 대상으로 한 조사를 통해 모자 관계에 착안하고 그 성과를 『모자 관계 이론』이라는 논문집을 통해 발표했다.

에고는
중요한 것이다

안나 프로이트

Anna Freud (1895~1982)

빈 태생의 영국 정신분석가로 지그문트 프로이트의 딸. 아동 정신분석의
선구자로 유명하다. 아버지 프로이트로부터 정신분석을 배우고 아버지
의 사후에는 아동심리학에 열중했다. 아버지와 비교해서 에고의 중요성
과 사회적으로 훈련되는 능력을 강조했다.

무의식적인 유아와
모친의 대상 관계를 연구

멜라니 클라인

Melanie Klein (1882~1960)

오스트리아 태생의 영국 정신분석가. 아동 분석을 전문으로 하고 유
아와 모친의 내적·심적 관계를 중심으로 새로운 방법인 대상 관계
론을 발전시켰다. 대상 관계론은 현대에서도 조현병 등의 치료 이론
으로 주목받고 있다.

스킨십이
애착을 형성한다

해리 F. 할로

Harry Frederick Harlow

(1905~1981)

미국의 심리학자. 히말라야원숭이를 대상으로 한 대리모 실험으로 알려져 있다. 이 실험에서 모친의 아이에 대한 애착 형성은 전통적인 정신분석이 주장한 것처럼 단순한 수유에 의한 욕구 충족에 의한 것이 아니라 스킨십에 의한 것이라고 주장했다.

자신이란
무엇인가를 안다

에릭 H. 에릭슨

Erik Homburger Erikson

(1902~1994)

미국의 심리학자이자 정신분석가. 자아동일성이라는 '아이덴티티'의 개념을 체계화했다. 사람이 건전하게 발달하기 위한 과제가 있다고 하는 '발달 과제설'을 제창하기도 했다. 학위도 없이 전전하다가 세계적 연구자가 됐다.

열등감,
있어도 좋지 않은가

알프레드 아들러

Alfred Adler (1870~1937)

오스트리아 출신의 정신과의자 심리학자. 프로이트의 공동 연구자였지만 독자의 개인심리학(아들러 심리학)을 만들었다. 아들러 심리학이란 개인을 더 이상 분할할 수 없는 존재라고 보고 사람은 열등감을 기점으로 해서 플러스의 상태를 지향하기 위해서 행동한다고 생각했다.

도덕은 단계를
밟아 발달한다

로렌스 콜버그

Lawrence Kohlberg (1927~1987)

미국의 심리학자. 피아제의 인지 발달 이론에 영향받아 인간의 도덕적 판단에 주목하고, 그것을 3레벨로 나누고 각각의 레벨을 2단계로 분류한 도덕성 발달 이론을 제시했다. 도덕 이론을 둘러싸고 심리학자인 캐럴 길리건과 논쟁을 벌였다.

제7장
마음의 문제를 안다

살아있는 한 마음의 문제를 안고 있지 않은 사람은 없을 것이다. 이 장에서는 마음의 건강을 유지하는 방법, 스트레스에 잘 대처하는 방법, 우리들을 고민하게 하는 마음의 병과 그에 대한 다양한 심리치료에 대해 해설한다. 마음의 병을 깊이 이해하고 치료 방법을 제대로 파악하여 어려움을 극복하기 바란다.

마음의 건강을 유지하려면

해설 미국의 정신과 의사로 인지치료를 제창한 아론 벡(304쪽)의 인지 왜곡에 대해 해설한다.

사용 설명서 팁 벡은 우울증 연구·치료 분야의 선구자이다. 우울증 환자의 대다수가 아래에 설명하는 인지 왜곡을 갖고 있다고 한다. 이를 참고로 유사한 문제에 빠져 있지는 않은지 자신의 사고 습관에 눈을 돌려보자.

아론 벡의 인지 왜곡

인지 왜곡이 마음의 병을 일으키는 원인이 될 수 있다. 마음의 습관을 깨닫고 늘 의식한다면 대처법도 찾을 수 있다.

이분법적(흑백논리적)

잘했냐 아니면 못했냐, 어느 한 쪽밖에 인정하지 못한다. 과정에서 있었던 하나의 실패를 전체의 실패라고 생각해버린다.

현재 점수
5점

으~아

꽤 괜찮았어!

과도의 일반화

조금이라도 불행한 일이 있으면 모든 것이 불행하다고 느낀다. 단 한두 번 일어났을 뿐인 일을 계속해서 비관적으로 생각한다.

선택적 추출

어느 한 가지 일에 과도하게 얽매인다. 자기 부정으로 이어지는 부분에만 집착해서 정작 자신의 좋은 점은 깨닫지 못한다.

긍정적 의견의 부정

상대의 부정적인 의견에만 집착하거나 칭찬을 하는데도 '어차피 아부잖아'라며 치부하는 버릇이 있다.

결론의 비약

분명 상대는 그렇게 생각하고 있음에 틀림없다고 단정하거나 자신은 상대의 마음을 읽을 수 있다는 이상한 확신을 갖는다.

비관적 예측

언젠가는 버림받을 것이라는 둥 미래를 비관적으로 상상한다. 좋은 일이 있어도 부정적인 사고로 일관한다.

파국적 사고

항상 최악의 사태를 생각하고 그 일이 자신의 신상에 일어난다고 생각한다.

축소(확대)적 사고

어느 일을 극단으로 축소해서 생각하거나 반대로 과장되게 생각한다. 자신에게 일어난 좋은 일은 축소하는 반면 나쁜 일은 확대해서 생각한다.

아~컨디션 나쁘다, 이도저도 다 귀찮네

감정적 결정

객관적인 사실을 무시하고 자신의 감정에 따라 판단을 한다. 무조건 상대방이 잘못했기 때문이라고 굳게 믿는다.

당위성

이유도 없이 사람은 '~해야 한다'
고 확신하고 있다. '부모니까, 상사니
까'라는 식의 사고에 얽매인다.

레테르 부착

'어차피 나는 학력도 없고…', '저
녀석은 차가운 놈이고…' 등 응축된
이미지로 생각이 왜곡되는 경우.

개인화

나쁜 일은 모두 자신의 탓이라고
생각한다. 특히 자신에게 원인이 없
는데도 반성하거나 자책하는 마음에
시달린다.

여러분의 사고 습관과 비슷한 점은 없는가? 어느 내용이든 적잖이 해당
하는 사람도 있을 것이다. 조심해야 할 것은 어느 한 가지 생각에 집착하는
것. 자연스럽고 제대로 기분전환을 하는 습관도 익히자.

제
7
장

스트레스와 스트레서

마음의 문제를 안다

> **해설** 스트레스란 유해한 자극이 몸에 초래하는 변화를 뜻한다. 스트레스를 일으키는
> 외부 자극을 스트레서라고 한다.

> **사용 설명서 팁** 스트레서에는 4종류가 있다. 어떤 종류가 있는지를 이해하고 대책을
> 강구하여 마음의 병을 예방한다.

4종의 스트레서

더위, 추위, 소음 등의 물리적 스트레서, 약물과 유해물질 등의 화학적
스트레서, 세균, 바이러스 등의 생물적 스트레서, 인간관계에서 오는 문제
나 빈곤 등의 정신적 스트레서가 있다.

물리적 스트레서
더위, 추위, 아픔, 공사현
장에서 나는 소음, 빛, 방
사선 등. 물리적인 자극
이 스트레서가 된다.

화학적 스트레서
약물, 유해한 화학물질,
알코올, 식품 첨가물 등.
눈과 입 등에 가해지는
자극이 스트레서가 된다.

생물적 스트레서
공복이나 컨디션 불량,
질병, 임신 등 몸의 변화
에 의한 장애와 불쾌감도
스트레서가 된다.

정신적 스트레서
불안과 화, 초조, 긴장 같
은 감정에 수반하는 스트
레서. 몸이나 환경의 변
화에 영향을 받기 쉽다.

스트레서 랭킹

미국의 사회생리학자 홈스 등이 실시한 스트레서 랭킹이 유명하다. 그것에 따르면 가장 큰 스트레스는 배우자의 죽음이고 다음이 회사의 도산, 친척의 죽음, 이혼, 부부의 별거 순이다.

나쓰메 마코토 등이 쓴 『노동자의 스트레스 평가법』에 따르면 결혼할 때 받는 스트레스를 50이라고 했을 때 배우자의 죽음은 83이다.

8종의 스트레스 해소법

미국 심리학회는 가장 효과적인 스트레스 해소법으로 다음 8가지를 들었다. ① 운동이나 스포츠를 한다 ② 예배에 참가한다 ③ 독서와 음악을 즐긴다 ④ 가족이나 친구와 보낸다 ⑤ 마사지를 받는다 ⑥ 바깥으로 나가서 산책한다 ⑦ 명상이나 요가를 한다 ⑧ 창의적인 취미 시간을 보낸다.

반대로 권하지 않는 스트레스 해소법으로는 음주, 갬블, 담배, 쇼핑, 넷서핑 등을 꼽았다.

명상은 늘 스트레스를 받고 있는 직장인들에게 주목을 받고 있다.

낮의 빛을 받는다는 점에서는 포켓몬 GO도 우울증 대책이 된다던가

스트레스 매니지먼트

해설 스트레스를 방지하기 위한 총체적 대응책. 스트레스를 어떻게 받아들이는가에 따라서 대응 방법이 다르다. 코핑(스트레스 대처 기술) 방법을 소개한다.

사용 설명서 팁 스트레스를 해소하는 코핑(coping) 행동에는 2가지가 있다. 스트레스의 종류에 맞춰 사용하면 스트레스에 현명하게 대처할 수 있을 것이다.

스트레스에 현명하게 대처하는 기술을 익힌다

코핑이란 문제에 대처한다, 빠져나간다는 의미이다. 스트레스에 맞서 해결하려고 시도하거나 때로는 도피해서 스트레스를 경감한다. 코핑에는 정서 초점형과 문제 초점형이 있다. 정서 초점형은 일시적으로 방치하는 등 스트레서에 대한 관심을 줄이는 방법이다. 반면 문제 초점형은 스트레서 자체를 해결하기 위해 맞서는 방법이다.

마인드풀니스라 불리는 스트레스 해소법도 주목을 받고 있다.

코핑이 잘 되지 않는 경우 심신에 변화가 일어난다.

코핑
(대처·저감)

정서 초점형

심신의 변화

문제 초점형

방어기제 ①

방어기제란 스트레스를 받아도 마음이 심각한 손상을 받지 않도록 작용하는 심리적 메커니즘을 말한다. 프로이트가 제창했다.

사용 설명서 팁 스트레스로부터 마음을 지키는 자연스러운 마음의 작용을 이해하고 스트레스에 능숙하게 대처할 수 있게 된다. 6종의 방어기제를 이해하자.

대표적인 방어기제

방어기제에는 억압과 합리화, 승화 등 몇 가지가 있으며 대표적인 것을 소개한다. 방어기제는 마음을 지키는 것이지만 사실과는 다르게 해석하는 측면도 있다. 과잉 작용하면 반대로 마음의 병을 유발할 우려가 있으므로 주의가 필요하다.

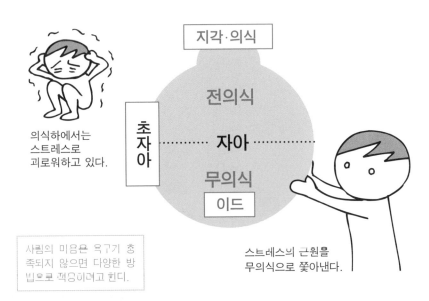

의식하에서는
스트레스로
괴로워하고 있다.

지각·의식

전의식

초자아 ········ 자아 ········

무의식

이드

사람의 마음은 욕구가 충
족되지 않으면 다양한 방
법으로 적응하려고 한다.

스트레스의 근원을
무의식으로 쫓아낸다.

방어기제 ②

│ 동일화

★ 자신이 원하는 것을 갖고 있는 사람과 자신을 동일시한다

좋아하는 가수와 자신을 겹쳐 언행을 흉내 내는 등 자신이 갖고 싶은 힘이나 실적을 마치 자신도 갖고 있는 것처럼 느낀다. 의식적으로 흉내 내는 것이 아니라 무의식으로 이루어지는 것이 동일화이다. 학력 콤플렉스를 가진 부모가 아이에게 고학력을 갖게 하려는 것도 고학력자인 아이와 자신을 동일화하는 무의식이 작용하기 때문이다.

의식적으로 흉내 내는 것은 모방, 무의식중에 흉내 내는 것이 동일화이다.

대상(代償)

★ 어떤 목표를 달성할 수 없을 때 다른 목표로 충족한다

어린아이가 없는 부부가 애완동물을 귀여워하는 것처럼 어떤 목표를 달성하지 못했을 때 비슷한 목표를 달성해서 애초의 욕구를 충족할 수 있다.

원하는 고급 브랜드의 옷 디자인과 아주 비슷한 패스트패션을 선택하는 것도 대상 행위라고 할 수 있다. 부분적으로 만족하는 것이다.

반동 형성

★ 기분과 반대되는 행동을 해서 불안감에서 도망간다

사실은 마음이 약한데 허세를 부리거나 싫어하는 상사에게 지나치게 아부를 하는 행위 등이 반동 형성의 예. 받아들이기 어려운 사실이나 불안을 무의식하로 쫓아내고 싶기 때문에 정반대의 행동을 한다.

프로이트는 강박신경증 환자를 치료하던 중 반동 형성을 발견했다고 한다.

사람은 이런 저런 일에 적응하지 못해 부적응 상황에 놓일 때 마음의 병이 생긴다. 때문에 스스로의 마음을 지키려고 무의식중에 방어기제와 같은 행동을 취하고 마음의 적응을 도모하는 것이다.

방어기제 ③

| 도피

★ 공상을 하거나 병에 걸리는 등 현실에서 도망간다

직장이나 학교에 가고 싶지 않은 기분이 커져서 열이 나는 등 긴장이나 불안으로부터 도망가기 위해 컨디션이 변화하는 것이 도피의 전형적인 예. 은둔 생활을 하는 원인 중 하나도 도피라고 할 수 있다.

'하필 꼭 이럴 때' 컨디션이 나빠지는 일은 없는가? 아마도 무의식하의 도피가 아닐까.

일이 힘들 때 구인 광고를 뒤적이게 된다. 이것도 훌륭한 도피 방법이 될 수 있다. 스트레스에 정면으로 부딪히지 않고 적당하게 도망가는 것은 마음의 안정을 위해 필요한 일이다.

평소에는 의식하지 않던 것이 한순간 눈에 들어올 때가 있다. 이것도 무의식중에 신경을 쓰고 있기 때문이다.

| 합리화

★ 다른 사람에게 납득 가는 이유를 들어 자신의 실패를 정당화한다

업무에서 성과를 내지 못한 것을 자신의 역부족 때문이라고는 생각하지 않고 상사나 거래처 탓으로 돌리는 것이 합리화의 예. 합리화로 마음은 편할지 모르지만 주위 사람들에게는 억지를 쓰는 것으로 비치므로 자주 써먹으면 신용을 잃는다.

너무 갖고 싶은 것은 것을 갖지 못하면 어차피 대단한 것도 아니라고 생각하는 것도 합리화이다.

| 승화

★ 과잉된 욕망을 예술이나 스포츠에 활용한다

자신의 폭력적 욕구를 복싱으로 승화시키거나 실연의 슬픔을 노래로 표현하는 등 참을 수 없는 욕구나 스트레스를 예술 활동과 같은 사회적으로 인정받는 행동으로 전환시킨다. 사실 여부는 알 수 없지만, 프로이트는 모친의 성기를 보고 싶어 하는 욕구가 강한 사람은 학술적 탐구로 승화시키고 분변으로 놀고 싶은 욕구가 강한 사람은 예술 관련 분야에서 승화시키는 일이 많다고 설명했다.

스트레스와 욕구를 지나치게 쌓아두지 말고 바깥으로 내보내는 것이 부저음에서 저음요로 변화하는 데 도움이 된다.

마음의 병

해설 대표적인 마음의 병이라고 하면 신경증과 정신병을 들 수 있다. 정신적인 증상은 여러 가지 요소가 얽혀서 나타난다.

사용 설명서 팁 자신과 주위 사람의 마음의 병을 예방하고 대처할 수 있는 지식을 얻는다.

여러 가지 마음의 병

신경증의 종류와 심기증, 이인증 그리고 정신병인 조현병, 조울증을 설명한다. 질병의 내용을 이해하고 적응할 수 있는 힌트를 얻기 바란다.

불안신경증

막연한 공포감으로 불안에 휩싸인다.

공포증

공포의 대상으로는 높은 곳, 막힌 곳, 끝이 뾰족한 물건 등이 있다.

히스테리

심리적인 원인에서 몸의 기능에 장애가 생긴다.

신경쇠약

스트레스에 노출된 결과 불면증과 피로감을 호소한다.

우울신경증

열등감과 비통감에 괴로운 나머지 수면 장애와 의욕이 저하한다.

강박신경증

불안을 억제하기 위해 어느 행동을 강박 적으로 반복한다.

심기증

자신이 병에 걸렸다고 생각한다.

이인증

무엇을 해도 감정이 일어나지 않는다. 현 실감이 희박하다.

조현병

환각이나 망상에 얽매이거나 대화나 행동 에 일관성이 없고 몸의 움직임이 극단적 이 된다.

조울증

조증과 우울증이 주기적으로 나타난다.

마음의 병은 국제 질병 기준에도 분류되어 있으며 가장 많이 채용되고 있는 지침이 미국 정신의학협회의 기준 DSM(Diagnostic and Statistical Manual of Mental Disorders)-5이다. 원인이 아닌 증상에 따라서 신경 질환을 구분하고 있는 것이 특징이다.

마음의 병은 한 가지 원인이 아니라 여러 가지가 복합적으로 얽혀 생기 기 때문에 다각도에서 진단하고 치료하는 것이 필요하다.

제 7 장

마음의 문제를 안다

불안장애

해설 과도한 스트레스에 의해서 일어나는 장애. 전반성 불안장애와 공포증 등 증상에 따라 몇 가지 종류로 나뉜다.

사용 설명서 팁 불안장애를 일으키기 쉬운 성격이 있으므로 해당하는 사람은 주의하면서 스트레스에 잘 대처하기 바란다.

내향적이고 책임감이 강한 사람은 조심하자

주요 불안장애에는 전반성 불안장애, 특정 공포증, 공황장애가 있다. 일반적으로 내향적인 성격의 사람에게서 잘 발증한다고 한다. 성실하기 때문에 사소한 실패를 지나치게 반성하거나 완벽하지 않으면 스트레스를 느끼고, 사물에 지나치게 고집하며 세세한 일에 신경을 쓰는 사람은 의식적으로 스트레스 대책(252쪽)을 세우도록 하자.

신경장애와 어떤 차이가 있는지를 명확히 이해하고 약물치료와 심리치료를 병용한다. 스트레스와 크게 상관이 있기 때문에 임상심리사의 도움이 필요한 마음의 병이기도 하다.

심신증

해설 불안장애와 우울증 같은 정신장애에 의한 것을 제외하고 심리적·사회적 스트레스가 원인이 되어 몸에 이상이 나타나는 병을 심신증이라고 한다.

사용 설명서 팁 심신증이 발병하기 쉬운 성격을 이해하고 해당하는 사람은 특히 조심하기 바란다.

감정표현 불능증인 사람은 요주의

감정표현 불능증(Alexithymia)이란 자신의 감정을 인식하는 것이 서툴고 다른 사람의 부탁을 거절하지 못하는 경향이 있는 사람을 가리킨다. 이런 성향의 사람은 본인에게 스트레스라는 자각이 없어 지나치게 애쓰기 때문에 몸으로 증상이 나타난다. 조금이라도 피곤하다고 느낀다면 마음과 몸이 쉴 수 있도록 의식적으로 행동하기 바란다.

심료내과에 다니는 등 전문의와 함께
대책을 세우고 치료를 받도록 한다

마음의 문제를 안다

261

인격장애

해설 분명한 정신장애가 없는데도 전반적인 행동 경향과 사고 및 감정 성향이 지나치게 편중되어 있기 때문에 대인관계에 지장을 초래한다.

사용 설명서 팁 본인이 자각하지 못하기 때문에 대응하기 매우 어렵다. 주위 사람들이 인격장애의 존재를 이해하고 가능한 관용을 보여 불필요하게 괴로워하지 않도록 하자. 누구나 갖고 있는 감정이지만 지나치면 발증한다.

자신도 괴롭고 주위 사람도 괴롭다

독일의 심리학자 슈나이더는 인격장애에 대해 '편향적인 성격으로 인해 자신도 괴롭고 주위 사람도 괴롭다'고 정의했다. 주위 사람이 이상하게 여겨도 정작 본인이 자각하지 못하는 경우도 많다. 또한 인격은 긴 시간을 들여서 형성되는 것인 만큼 변화시키는 것이 매우 어렵다.

생각과 행동이 이랬다저랬다 바뀌는 등 편향된 성격을 드러낸다.

정신질환

마찬가지로 성격이 편향된 경우 정신질환이 인정되면 조현병과 신경증 등의 정신장애로 받아들인다.

인격장애

정신질환으로 인정되지 않을 때 인격장애로 구분되어 경계를 긋기 애매하다.

DSM-5 인격장애의 분류

인격장애는 아래의 3개 군으로 나뉘며 다시 세분화된다. 이들에 대응하기 위한 공통점은 받아들이는 입장에서 따뜻한 마음으로 상대방을 대하는 것이다. 치료를 할 때는 약물치료와 심리치료를 병용하는 것이 좋다.

1. 잘못된 신념과 습관으로 망상을 품는다

근거도 없이 상대를 의심하고 고독을 좋아해 은둔하려는 성향이 있고, 당황스러운 행동을 하는 조현병이다.

2. 감정 기복이 심하고 스트레스에 약하다

자기 중심적이고 사회의 규범을 지키지 않는 반사회성, 감정 기복이 심한 경계성, 주위의 주목을 받으려고 하는 연기성(演技性), 자신에게만 흥미가 있는 자기애성 등의 종류가 있다.

3. 대인관계에 강한 불안감을 갖는다

비판이나 대립을 두려워하는 회피성, 남에게 의지하려는 마음이 지나친 의존성, 선입견에 얽매이는 강박성이 있다.

조현병

> **해설** 환각이나 망상, 의욕 저하 등이 주요 증상이고 양성과 음성이 있다. 과거에는 불치병으로 알려졌지만 현재는 치료를 하면 사회 복귀도 가능하다.

> **사용 설명서 팁** 증상을 이해하고 여러 치료법을 앎으로써 사회 부적응을 극복한다. 있는 그대로 좋다고 말해주는 주위의 대응이 요구된다.

양성 증상

조현병의 증상은 다양하지만 크게 2가지로 나뉜다. 양성 증상은 객관적으로 봐도 모양의 이변을 알 수 있다. 환청이나 환각, 망상, 무언가에 조정당하고 있는 것 같은 감각이 엄습하고(작위체험), 외부로부터 명령을 받거나(사고삽입), 자신의 생각이 누군가에게 간파된다고 느끼는(사고탈취) 등 기행(奇行)으로 나타난다.

양성 증상

망언·기행·감정의 불안정·
환청·환각

작위체험

음성 증상

 음성 증상은 이변을 쉽게 알아차리기 어려운 특징이 있다. 희노애락의 표정이 없어지고 주위에 무관심하거나 은둔하는 성향이 있다. 사고력이 떨어지고 말수가 줄어드는 증상도 나타난다. 상대의 변화에 주의를 기울여 빠른 대응을 하기 바란다.

음성 증상

무표정

의욕 저하

말수가 줄어든다

은둔

사고 결여

희노애락이 없어진다

무표정하고 은둔 성향, 의욕 감퇴, 사고의 빈곤화 증상도 나타난다.

10대 후반부터 30대에 걸쳐 많이 발증

 조현병의 원인은 뇌 신경전달물질의 이상, 유전, 환경 등이 영향을 미친다고 알려져 있지만 확실하지 않다. 치료에는 긴 시간이 필요하고 약물치료법을 중심으로 정신치료를 병행하여 대인관계를 개선해야 한다. 조현병은 10대 후반부터 30대에 걸쳐 발증하는 경우가 많다고 한다. 또한 100명에 1명 정도가 발증하는 매우 흔한 마음의 병이다. 지금은 의료기술의 발달로 치료법이 많이 있으므로 그 사람에게 맞는 치료법을 선택해 통합적으로 접근하기 바란다.

Knowledge

조현병을 앓는 사람 중에는 뛰어난 재능을 가진 사람도 있다. 그 재능을 활용할 수 있는 자리를 만들어 주는 방안을 고려하자.

우울증

해설 우울감, 집중력 저하, 식욕 저하 등을 일으키는 상태를 우울증이라고 하고 신체 질환이나 뇌 질환 등이 원인이 아닌 경우 우울병성 장애로 진단된다. 우울증과는 반대로 기분이 고양하는 상태를 조증이라고 하고 우울증과 조증을 반복하는 장애를 조울증이라고도 한다.

사용 설명서 팁 사회 문제가 되고 있는 우울증. 정신에 나타나는 증상과 신체에 드러나는 증상을 이해하고 대책을 세우자.

우울 상태와 세로토닌의 관계

기분이 침울하고 이유 없이 슬프고 식욕도 없고 불면증이 2주일 이상 지속되면 우울 상태라고 본다. 수면 장애도 흔히 볼 수 있는 증상이다.

햇볕을 받으면 분비되는 신경 전달물질 세로토닌 부족이 우울증의 한 원인이기도 하다.

조울증이란

비정상적으로 들뜨거나 병적일 정도로 행복감에 심취해 있어 행동이 활발하고 만능감을 가진 조증 상태와 몸이 나른하고 기분이 가라앉는 우울증 상태를 반복하는 마음의 병. 대개는 재발이 반복되지만 약물치료(항우울제와 기분조절제)와 정신치료로 증상을 개선할 수 있다.

조증
행동이 크고 기분도 좋다

업다운을
반복한다

우울증
몸이 무겁고 기분도 무겁다

죽고 싶어
……

일본의 우울증 발병률은 인구의 0.1~0.5%라고 한다.

가면우울증, 신형 우울증 등 새로운 타입의 우울증(우울증이 아니라는 설도 있다)이 사회문제가 되고 있다. 우울증은 '마음의 감기'라고도 할 정도로 진단을 받는 사람이 증가하고 있다. 우울증을 개선하려면 기력과 체력을 회복하는 것도 중요하다. 기분을 바꾸어 새로운 행동에 나설 수 있도록 대응하는 것도 효과적이라고 한다. 그러나 '힘내라'라고 하는 한마디 말은 금물. 상대의 등을 부드럽게 쓰다듬어 주는 대응이 요구된다.

다양한 공포증

해설 특정 대상과 상황에 맞닥뜨리면 과도한 공포감에 휩싸인다. 자각할 수 있지만 피할 수 없는 상태가 된다.

사용 설명서 팁 누구나 어떤 특정 물체나 상황에 놓이면 두려워하지만 지나치면 사회생활에 지장이 생긴다. 병을 제대로 이해하고 예방 또는 대처한다.

단일 공포는 어느 특정의 것을 두려워한다

국한성 공포증이라고도 하며 높은 곳이나 벼락, 물 등의 자연환경형, 거미나 뱀 등의 동물형, 주사나 상처 등의 혈액형, 폐쇄된 장소나 비행기 등의 상황형 등 다양한 공포 대상이 있다.

고소공포증   폐소공포증

공포증을 치료하는 데 효과적인 심리치료에는 행동치료가 있으며 익스포저법, 계통적 탈감작법이 있다.

사회공포·대인공포는 인간관계에 걸림돌이 된다

남들 앞에서 이야기를 하거나 처음 만나는 사람과 인사를 나눌 때는 누구나 긴장하기 마련이지만 긴장의 정도가 심해져 공포증으로 발전한다.

적면공포

자기취공포증

남 앞에서 얼굴이나 귀가 새빨개지는 적면공포증. 남들로부터 비웃음을 당하지 않을까 신경을 쓴다.

자기취공포증은 체취와 구취가 심해 (사실은 심하지 않는데) 남들로부터 기피당할까봐 불안해한다.

광장공포증은 외출을 두려워한다

광장이 두려운 게 아니라 혼자서 외출하거나 지하철이나 버스를 타는 등 외출 시에 공포를 느끼는 것. 갑작스럽게 공황 발작을 일으키기도 해 외출하는 것을 두려워한다.

본인도 어찌 할 수 없는 상태가 되기 때문에 곁에 바짝 붙어서 단계저으로 불안을 해소한다.

PTSD
(외상 후 스트레스 장애)

해설 Post Traumatic Stress Disorder라는 말 그대로 트라우마로 남은 사건이 계기가 되어 일어나는 장애. 해당 사건으로부터 1개월 이상 증상이 지속하는 것을 PTSD, 1개월 이내에 사라지는 것을 ASD라고 한다.

사용 설명서 팁 재해나 사고를 당하거나 따돌림을 겪은 사람에게서 발증하는 경우가 늘고 있다. 증상을 상세히 알고 대처하기 바란다.

공포가 되살아난다

각종 재난재해가 끊이지 않는 현대사회를 살아가는 많은 사람이 PTSD 로 힘들어하고 있다. 괴로운 경험이 기억과 함께 되살아나면 마음을 지키려고 반응이 마비되거나 쉽게 잠들지 못하는 등의 상태가 이어진다.

재해

교통사고

따돌림

약물치료와 심리적인 도움을 이용해서 치료한다. 항우울제와 항불안제를 복용하면서 인지행동치료를 이용하는 경우가 많다.

ADHD
(주의력 결핍 및 과잉행동장애)

해설 수업 중에 가만히 있지 못하거나(다동성) 선생님의 얘기를 듣지 않고(부주의) 돌발적인 행동을 한다(유동성). 이들 중 어느 한 가지 행동을 보이면 주의력 결핍 및 과잉 행동 장애라고 한다.

사용 설명서 팁 학습 부진이나 따돌림, 등교거부 등의 부적응 같은 2차 장애로 이어 질 가능성도 높기 때문에 빠른 시기에 적절히 대응한다.

원인은 밝혀지지 않았다

뇌장애, 유전, 알레르기 등 다양한 요인에 의해 생긴다고 하는데 원인은 확실하지 않다. 어른이 되면 진정되는 경우도 있다. 전문의를 찾아 약물치료를 받는 것도 중요하지만 공부에 집중할 수 있는 환경을 정비하고 호되게 꾸짖지 않는 등의 교육 방법도 필요하다.

남아의 발증률이 매우 높은 것도 특징이다.

LD
(학습장애)

해설 지능은 정상적인 범위 내에서 발달하고 있으나 쓰고 읽고 듣고 계산하는 등 어느 특정 능력에 어려움을 겪는 장애.

사용 설명서 팁 초등학교에 진학하고 나서야 알게 되는 일이 많고 여아에 비해 남아 가 4배 가까이 높은 발증률을 보인다. 조기치료가 필요하다.

| 단순한 학습부진으로 착각하지 않아야

글자는 읽을 수 있는데 쓰지 못하거나 읽는 능력은 뛰어나지만 사람의 이야기를 이해하지 못하는 장애를 보인다. 원인은 불명확하다. 부모와 교 사가 간과하면 단순한 학습부진으로 치부될 수 있다.

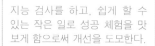

지능 검사를 하고, 쉽게 할 수 있는 작은 일로 성공 체험을 맛 보게 함으로써 개선을 도모한다.

자폐증

해설 유아기에 감각과 언어, 행동에 특유의 증상을 보이는 발달장애는 마음의 문제가 아니라 뇌기능 장애가 원인으로 여겨진다.

사용 설명서 팁 근본적인 해결은 어렵기 때문에 조기치료로 발달을 지원하고 살아가기 쉬운 환경을 만들어주자.

약 100명 중 한 명꼴로 존재

자폐증은 유전적인 요인이 복잡하게 얽혀 발증한다. 증상이 가벼운 사람까지 포함하면 약 100명 중 1명꼴로 나타난다고 한다. 대인관계나 의사 전달에 장애가 있고 관심사가 지나치게 편중되어 있거나 항상 몸을 흔드는 행동을 한다.

눈을 맞추려고
하지 않는다

남이 한 말을 되풀이한다

발달장애는 부모나 본인의 탓이 아니다. 아이가 삶에 적응할 수 있도록 환경을 정비하거나 약물치료 등으로 발달을 지원하는 등 적극적으로 대처하자.

273

섭식장애-거식증·폭식증

해설 자신은 뚱뚱하다고 생각하고 거의 아무것도 먹지 않는 거식증과 먹는 것을 멈추지 못하는 폭식증이 있다.

사용 설명서 팁 본인은 자각하지 못하는 경우가 많기 때문에 우선 병이라는 것을 당사자에게 알린다. 무엇보다 가족의 협력이 필요하다.

젊은 여성이 많지만 남성이 발증하는 경우도

거식증은 충분히 말라 있는 것을 자각하지 못한 채 체중이 감소하는 것에 쾌감을 느낀다. 또한 작금의 마른 체형을 선호하는 풍조에도 주의가 필요하다. 폭식증은 스트레스와 환경의 변화가 원인이 되는 일이 많다. 음식물을 먹을 때는 쉽게 멈추지 못하고 먹고 나서는 구토를 하기도 한다. 모두 인지행동치료 등을 이용하여 개선해야 한다.

거식증　　폭식증

여성뿐 아니라 남성에게서 일어나기도 한다.

성에 관한 장애-
성기능·성정체성

해설 남성은 발기 부전, 여성은 성욕 저하 등 성생활에 문제가 있는 성기능 장애와 갖고 태어난 성에 고민하는 성정체성 장애가 있다.

사용 설명서 팁 성에 관한 고민은 주위 사람에게 상담하기 어려운 면이 있지만 제대로 이해하고 다양한 커뮤니티와 치료법을 이용해서 해결에 노력하자.

다양성을 인정할 수 있는 사회

LGBT는 레즈비언(여성 동성애자), 게이(남성 동성애자), 바이섹슈얼(양성애자), 트랜스젠더(마음과 신체가 불일치)를 총칭하는 말이다. 사회 적응을 목표로 심리학의 학문적 견지에서 연구와 응용이 진행되고 있다. 성기능 장애는 신체 질환 치료와 행동치료, 심리치료로, 성정체성 장애는 심리치료, 호르몬 치료, 수술 등으로 대처한다.

일본의 경우 성정체성장애특례법에 이해 수술을 받은 후 일정한 요건을 충족하면 성별을 변경할 수 있다.

제 7 장

마음의 문제를 안다

아스퍼거 증후군

해설 자폐증과 비슷하지만 언어나 기억 발달이 더디지 않는 경우는 아스퍼거 증후군으로 진단된다. 자폐증 스펙트럼이라고도 불린다. 대인관계에 어려움이 있고 흥미와 활동이 한정된다는 특징이 있다.

사용 설명서 팁 대인관계로 인한 문제 해결에는 행동치료 등을 참고하자.

연령적으로는 늦지 않지만 흥미가 한정된다

아스퍼거 증후군은 남자 아이에게 많은 것으로 알려져 있으며 지능은 평균 이상이지만 커뮤니케이션을 원활히 취할 수 없는 것이 특징이다. 따돌림의 대상이 되는 등 다른 곤경에 빠지는 경우도 있으므로 주의하기 바란다.

농담이 통하지 않고 다른 사람과 공감하기 어려우므로 관계를 형성하기 어렵다. 주위로부터 고립되는 경향이 있다.

특정 무언가에 비정상적으로 흥미를 보이기 때문에 예술가와 아티스트에게서 많이 볼 수 있다. 재능을 활용할 수 있는 환경을 만드는 것이 하나의 해결 방법이다.

아이의 마음의 병

해설 아이는 어른과 비교해서 정신 상태를 의식하는 것이 어렵다. 때문에 이상(異常)이 행동으로 드러나는 경향이 강하다. 행동의 배경에는 사회적인 부적응이 있다.

사용 설명서 팁 아이가 겪는 마음의 병은 아이 자신의 의사에 반해서 나타나는 일이 많다. 인정하고 칭찬을 해서 죄책감에서 해방되어 자신감을 갖도록 한다.

틱 장애와 말더듬이는 어른이 되면 해결되는가?

아이가 심리적 스트레스를 받았을 때 다른 사람에게 폭력을 휘두르는 등의 반사회적 행동, 의욕이 없어지는 등의 비사회적 행동, 틱장애와 말더듬이, 유뇨·유분 등의 신경성 버릇이 나타난다.

틱 장애

눈 깜빡임과 몸의 흔들림 등 근육이 수축되는 증상으로 스트레스에 노출되면 특히 두드러진다.

말더듬이

나, 나, 나는

말더듬이는 말을 할 때 말문이 막히는 증상을 말한다.

유뇨·유분

앗

의지에 상관없이 배설한다.

성장과 함께 자연스레 치료되기도 하지만 그렇지 않은 경우도 있다.

제
7
장

마음의 문제를 안다

등교거부

해설 학교에 등교하지 않는 것, 즉 등교거부. 일본의 경우 등교를 거부하는 학생이 초등학생 2만 6,000명, 중학생 9만 7,000명(2014년 문부과학성 조사)에 이른다고 한다.

사용 설명서 팁 학교에 다니는 것을 목표로 하느냐 사회에 나가는 것을 목표로 하느냐에 따라 대처법은 달라진다. 아이에 맞는 속도로 생각할 필요가 있다.

등교거부 유형

한마디로 등교거부라고 해도 여러 유형이 있다. 저학년에게서 많이 나타나는 엄마에게서 떨어지지 않는 타입, 공부를 따라가지 못해 생긴 열등 콤플렉스로 인한 등교거부 타입, 따돌림 등 인간관계가 원인인 타입 등. 아이들은 쉽게 자신의 일을 말하지 못하기 때문에 아이의 모습을 보고 간파하는 것이 중요하다.

등교 시간이 지난 시간에 일어나 하루를 활발하게 지내거나 하교 시간까지는 집에 있다가 학교가 끝난 시간부터는 활기차게 돌아다니기도 한다.

은둔

해설 직장이나 학교에 가지 않고 가족 이외의 사람과 거의 교류하지 않은 채 6개월 이상 자택에 은둔해 있는 상태라고 정의된다.

사용 설명서 팁 어른의 은둔도 사회문제가 되고 있다. 지역이나 민간이 지원하는 시설에 상담하는 등 제3자의 힘을 빌려 대처하자.

시간이 지날수록 악화되는 경우도

은둔의 원인은 따돌림, 가족 관계, 정신질환 등 다양한 요인이 얽혀 있는 경우가 많다. 시간이 해결해 주기도 하지만 반대로 시간이 흐르면 흐를수록 외출하기 어려워지거나 학습부진으로 사회에 나올 타이밍을 놓치는 등의 리스크도 따르므로 조기에 전문가에게 상담을 받는 것이 중요하다.

밥 여기에 둘게

DON'T DISTURB ME!!

은둔을 해결하는 데는 당사자뿐 아니라 가족 전체의 치료(295쪽)가 필요한 경우가 많다.

따돌림

해설 따돌림은 일정한 인간관계를 유지하고 있는 사람으로부터 심리적, 물리적 공격을 받은 것에 의해 정신적인 고통을 느끼는 것.

사용 설명서 팁 욕구 불만과 갈등을 안고 있기 때문에 그것을 누군가에게 배출하는 것과 본래 가진 정동을 컨트롤하지 못해 발산하는 것이 있다.

급증하는 넷 따돌림

기술이 발달하면서 따돌림 방법도 변화하고 있다. 현재 문제가 되고 있는 것이 '넷 따돌림'. 웹사이트 게시판에서 비방하는 글을 올리거나 SNS 커뮤니티에서의 따돌림도 급증하고 있다.

아아아…

걔 보면 짜증 나

나도 왠지 싫고 짜증 나!

나도 동감!

아이에게 언제 스마트폰을 사 줄 것인가. 스마트폰을 사용하는 방법과 예절 교육이 중요하다.

가정 내 폭력·아동학대

해설 부모에서 아이로, 아이에서 부모·형제·조부모 등으로 폭력 행위가 이루어지는 가정 내 폭력과 육아 방기와 감독 방기 등의 아동학대에 대해 설명한다.

사용 설명서 팁 모자 관계가 주원인이라고 하지만 정신장애가 있는 경우도 있으므로 한시라도 빨리 전문기관에 상담을 한다.

학대의 연쇄

어릴 적에 DV(233쪽)를 받은 아이가 부모가 되면 마찬가지로 폭력을 휘두를 가능성이 높다. 이러한 악의 고리를 끊기 위해서라도 '독박육아'를 강요해서는 안 된다. 가족, 지인, 지역의 힘을 빌려 육아에서 오는 불안을 해소해야 가정 내 폭력과 아동학대 문제를 줄일 수 있다.

아이의 가정 내 폭력은 10세경부터 증가해 16, 17세경에 피크를 맞이한다. 부모의 괴임 기대에 부응하지 못해 짜증을 내는 일도 있다. 아이를 어떻게 대할지 방법을 제검토할 필요가 있다.

신체적 학대, 성적 학대, 심리적 학대뿐 아니라 방임(neglect)이라 불리는 육아 방기, 육아 태만, 간독 방기도 문제가 되고 있다. 주위 사람들의 돌봄이 필수라할 수 있다.

여러 가지 심리치료

해설 전문적인 훈련을 받은 세라피스트와 카운슬러가 환자(클라이언트)의 마음을 치유하고 인격의 변용을 뒷받침한다. 크게는 정신분석적 심리치료, 내담자 중심 치료, 인지행동치료가 있다.

사용 설명서 팁 모든 증상에 공통되는 것은 마음의 문제를 해결하는 것.

정신분석적 심리치료

프로이트가 제창한 정신분석이론에 기초한 심리치료. 마음의 문제를 해결하기 위해서 무의식에 눈을 돌려 자아, 무의식, 초자아의 관계를 파악함으로써 클라이언트의 증상을 개선한다.

마음에 떠오르는 것을 그대로 이야기해 주세요

뭔가 둥둥 떠있는 기분입니다

카운슬러는 클라이언트와 눈을 맞추지 않고 일정한 거리를 유지한 채 앉은 상태에서 질문한다. 사회 부적응의 이유에 대해 제대로 이해한다.

내담자 중심 치료

심리학자 로저스(306쪽)가 창시한 것이 내담자 중심 치료. 카운슬러가 치료를 주도하는 게 아니라 클라이언트(내담자)가 중심이 되어 카운슬링을 진행한다. 클라이언트의 잠재 능력을 이끌어내는 게 포인트. 이야기에 무조건 긍정적인 반응을 보이면서 치료를 한다.

이제 어떻게든 괜찮아…

아무래도 좋아?

> 내담자 중심 치료에서는 무엇보다 경청, 공감, 신뢰가 중요하다. 언어 능력과 사회 경험이 적은 아이에게는 응용하기 어려운 측면도 있다.

인지행동치료

의학자이자 정신과 의사인 아론 벡이 제창. 인지 왜곡을 수정하는 것과 실제로 행동을 바꾸어 가는 것에 역점을 둔 행동치료를 포함해서 해결을 도모한다. 클라이언트의 이야기에 무조건으로 긍정하지 않고 생각을 바꾸도록 유도한다.

나 따위는 살아갈 가치가 없는 인간입니다

그렇게 느끼기 전에 무슨 일이 있었습니까?

> 클라이언트와 잘 맞으면 단기간에 효과를 올릴 수 있다. 능동적인 요법이라고 한다.

•• • Knowledge

심리치료에는 카운슬러의 수만큼 많은 수법이 있다. 세컨드 오피니언*을 얻으면서 각 상황에 맞는 통합적 어프로치(299쪽)를 검토하자.

*세컨드 오피니언(second opinion) : 주치의 외에 동급의 의사에게 치료에 관한 자문을 구하는 것

정신분석적 심리치료

해설 자아, 무의식, 초자아의 균형이 무너졌을 때 사람은 마음의 병이 생긴다고 여기고 인간의 무의식에 접근하여 해결하려는 심리치료. 프로이트가 고안한 것으로 억압된 욕구와 갈등을 해방시키는 데 역점을 둔다.

사용 설명서 팁 가장 오래된 심리치료라고 할 수 있다.

자아, 무의식, 초자아의 관계를 정리한다

프로이트가 말하길, 자아는 자기를 현실에 적응시키는 조정 역할을 한다고. 무의식은 쾌감 추구형 인간에 장비된 동물적 본능. 초자아는 올바른 윤리관과 양심 있는 도덕적 존재. 그 싸움 속에서 인간은 균형이 무너져 마음의 병을 초래한다고 한다. 무의식 또는 초자아의 압력으로부터 가장 자신다운 자아를 찾아가는 과정을 심리치료를 통해 수행한다.

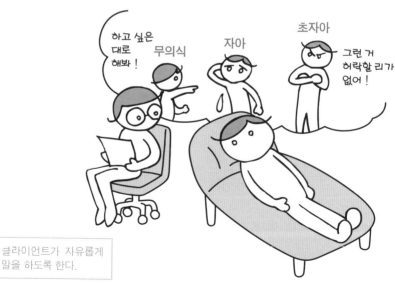

클라이언트가 자유롭게 말을 하도록 한다.

전이가 해결의 실마리가 된다

정신분석적 심리치료를 수행하는 과정에서 클라이언트가 카운슬러에 대해 특정 감정을 보이는 일이 있다. 이것을 전이(轉移)라고 한다. 예를 들면 카운슬러에 대해 자신을 귀여워한 부친상을 투영하는 경우 이것을 양성 전이라고 하고 반대로 불쾌하게 느낀 부친상을 투영하는 경우는 음성 전이라고 한다. 바로 이 점을 마음의 병을 해결하는 실마리로 활용한다.

양성 전이

음성 전이

자신을 예뻐한 부친이 투영되면 카운슬러에게 호의를 갖는다.

혐오하는 부친이 투영되면 카운슬러와 거리를 둔다. 부친이 마음의 병의 원인이 아닌가 유추할 수 있다.

Knowledge

무의식하에 있는 것을 의식화하기 위해 자유롭게 이야기를 시킨다. 이 수법을 자유연상법이라고 한다.

내담자 중심 치료

해설 심리학자 로저스가 제창한 심리치료. 마음의 문제를 해결할 수 있는 것은 클라이언트 자신이라는 생각하에 이상의 자기와 현실의 자기를 일치시키려는 치료법. 키워드는 신뢰관계(rapport).

사용 설명서 팁 카운슬러는 클라이언트의 존재 그대로의 자기를 이끌어낸다. 그렇게 함으로써 마음의 병을 극복할 수 있다.

자기 불일치가 부적응을 초래한다

사람은 누구나 '이렇게 되고 싶다'는 자신의 이상적인 모습을 갖고 있다. 그러나 현실과의 갭은 생기기 마련이다. 그 갭이 마음의 균형을 무너뜨리는 원인이 된다고 생각한다. '좀 더 나는 인정받을 수 있을 텐데. 뭘 하고 있는 거야…'라고 지금의 자신을 받아들이지 못할 때 부적응을 일으킨다.

이상적인 자신

현실의 자신

대단해!!

선생님!!

예를 들면 이상이라고 생각하는 자기의 모습이 '○○상을 수상한 작가'이고 현실의 자신은 '아직 싹도 나지 않은 작가'라고 생각한다. 이 갭이 마음의 문제를 일으키는 원인이 된다.

신뢰관계를 구축하려면

내담자 중심 치료에서는 카운슬링을 통해 클라이언트의 이야기를 경청한다. 클라이언트 자신의 자기치유력을 이끌어내려면 무조건적인 긍정적 배려, 공감적 이해, 자기일치를 빼놓을 수 없고, 이를 통해 신뢰관계를 구축할 수 있으면 치료에 도움이 된다.

**무조건적인
긍정적 배려**
클라이언트를 한 명의 인간으로서 존중한다. 갭도 가치관도 모두 받아들인다.

> 여기에서는
> 무슨 이야기를 해도
> 괜찮아

공감적 이해
클라이언트의 체험을 내 일처럼 느끼고 이해한다. 동정이 아니라 공감해야 한다.

> 정말 화나겠다

자기일치
카운슬러로서의 입장, 생각을 명확하게 전달하고 속과 겉이 다르지 않은 태도로 임한다.

> 나는 지금
> 초조한데
> 당신은 어떻습니까?

인지행동치료

해설 인지행동치료는 벡 등이 개발한 인지치료와 스키너 등이 개발한 행동치료가 융합해서 생긴 치료법. 인지 왜곡과 사고 습관을 개선해 행동을 변화시킨다.

사용 설명서 팁 다양한 치료 프로그램이 개발되어 클라이언트의 증상에 맞는 치료가 가능하다.

상대를 부정하여 바꾸는 능동적 요법

어떤 일에 실패했을 때 '더는 안 된다. 이제 끝이다'라고 비관한 적은 없는가? 과연 그것은 정말 이 세상의 끝이라고까지 말할 정도의 일인가? 인지행동치료에서는 다른 치료에서 기본으로 여기는 무조건적 긍정과 달리 카운슬러가 적극적으로 의견을 제시하여 클라이언트의 인지 왜곡을 바로잡는다. 클라이언트와 잘 맞으면 단기간에 효과를 낼 수 있는 심리치료이다.

'리더에게 실패 따위 허용되지 않는다'는 생각에 사로잡힌 사람이 있다고 하자. '리더도 인간이고, 인간이라면 누구나 실패할 수 있다'고 생각을 바꾸도록 하는 것이 중요하다.

1. ~하지 않으면 안 된다

예 : 성공하지 않으면 안 된다. 합격하지
   않으면 안 된다.

2. 비관적

예 : 더는 안 된다. 이제 끝났다.

3. 비난, 비하

예 : 나는 어차피 안 되는 인간이다.
   살아 있을 가치조차 없다.

4. 욕구 불만 저내성

예 : 더는 참을 수 없다. 절대로 용서할 수
   없다.

인지 왜곡을 바로잡는다

이상과 같은 고정관념에 얽매여 있지는 않은가. 인지 왜곡이 원인이 되
어 마음의 병을 일으키는 사람은 생각이 응축되어 있으므로 정중하고 논리
적으로 설명하면서 왜곡된 생각을 바로잡도록 한다.

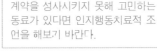

카운슬링

해설 카운슬링이란 상담한다는 의미이다. 심리치료가 마음이 병든 사람을 대상으로 하는 반면 카운슬링은 건전한 사회생활을 하는 사람을 대상으로 한다. 이른바 대화치료이다.

사용 설명서 팁 고민이 있다면 주저하지 말고 바로 상담한다. 다양한 장소에서 카운슬러가 활약하고 있으니 필요하다면 도움을 구해 보기 바란다.

딱히 병이 아니어도 가벼운 마음으로 임하자

카운슬링이라고 하면 무거운 마음의 병을 가진 사람이 받는 것이라고 착각하는 사람도 아직 많다. 인간관계와 미래에 대한 불안, 작은 고민에도 응해 주는 것이 카운슬러이다. 아무리 사소한 고민이라도 내버려두면 큰 마음의 병으로 이어지니 망설이지 말고 상담받도록 한다.

함께 문제를 해결해 갑시다

지시를 하는 컨설테이션과 달리 카운슬링은 당신의 기분과 생각에 밀착해서 해결책을 찾아줄 것이다.

다양한 장소에서 카운슬링이 이루어지고 있다

의료, 교육, 복지, 사법, 산업 등 모든 분야에 카운슬러가 존재한다. 고민이 있다면 마음속에 혼자 담아두지 말고 가벼운 마음으로 전문가에게 의지하는 것이 좋다.

병원 면담

병원에는 임상심리사 자격을 가진 카운슬러가 있다. 임상심리사는 마음 전문가다. 의사와 연계하여 심리치료를 진행할 수도 있다.

기업 면담

기업에는 산업 카운슬러가 상주하고 있는 곳도 있다. 일하는 사람의 멘탈 헬스를 케어하거나 캐리어에 대한 조언도 해준다. 민간 시설도 있으니 가까이에 없다면 검색해 보기 바란다.

학교 면담

학교에는 스쿨 카운슬러와 교육 카운슬러가 있다. 등교거부와 따돌림, 진로 선택 등의 문제에 직면해 있다면 상담해 보기 바란다.

이외에도 정신보건복지사와 음악치료사, 행동치료사 등의 자격을 가진 마음 전문가가 곳곳에서 활약하고 있다.

.... Knowledge

다른 사람에게 불만을 털어놓으면 개운해진다. 이것을 심리학 용어로 카타르시스(정화)라고 한다. 카운슬링의 목적은 바로 이것이다.

자율훈련법

해설 최면치료의 하나로 훈련을 통한 자기암시로 심신의 긴장을 풀고 안정시켜 심신을 컨트롤하는 수법.

사용 설명서 팁 누구라도 할 수 있기 때문에 집에서 안정을 취하고 싶을 때 시도해 보기 바란다. 심근경색이나 호흡기에 중대한 질환을 가진 사람에게는 부적합하므로 주의해야 한다.

심신의 긴장을 풀고 증상을 개선시킨다

최면 상태에 있으면 심신이 치유되는 효과가 있다고 하며 독일의 정신의학자 요하네스 슐츠가 고안했다. 자율훈련법에는 오른쪽과 같은 '공식'으로 통하는 문장이 있으니 이것을 외치면서 따라해 보자.

기본적인 방법은 우선 소파나 의자에 앉거나 누워 벨트와 시계 등을 벗고 편안한 상태를 만든다(익숙해지면 차분해질 수 있는 장소라면 선 채로도 가능하다). 그리고 '나는 지금 기분이 매우 차분하다'고 마음속으로 반복하며 외친다.

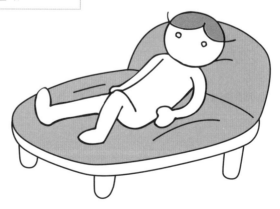

┃ 6가지 공식

　정해진 말을 마음속으로 외치면서 하나하나 단계에 따라 공식을 진행한다. 훈련을 거듭할수록 심신을 컨트롤할 수 있게 된다.

제1공식
(중감연습)

오른팔이 무겁다고 마음속으로 외치고 오른팔의 무게를 느낀다. 마찬가지로 왼팔, 양다리로 계속한다.

제2공식
(온감연습)

오른팔이 따뜻하다고 마음속으로 외치고 오른팔의 따뜻함을 느낀다. 마찬가지로 왼팔, 양다리로 계속한다.

제3공식
(심장연습)

심장이 조용하게 규칙적으로 뛰고 있다고 마음속으로 외치고 느낀다.

제4공식
(호흡연습)

호흡이 편안하다고 마음속을 외치고 느낀다.

제5공식
(복부온감연습)

배가 따뜻하다고 마음속으로 외치고 느낀다.

제6공식
(액량감연습)

이마가 시원하다고 마음속으로 외치고 느낀다.

　마지막으로 손발을 뻗어 크게 심호흡하고 나서 눈을 뜬다. 자율훈련법은 부교감신경 우위에 있도록 만들 수 있어 심신의 긴장이 풀린다. 오랫동안 지속하면 신경증과 심신증의 개선을 기대할 수 있다.

이미지 치료

해설 공포를 느끼거나 긴장된 상태에 놓였을 때 자신이 원하는 행동과 기분을 떠올리고 그것을 머릿속에서 반복함으로써 공포와 긴장을 완화하는 요법이다.

사용 설명서 팁 마음의 병을 극복할 뿐 아니라 많은 사람 앞에서 발표할 때 긴장하는 사람은 한 번 활용해 보기 바란다.

이미지로 치유력도 높인다

스포츠에서 말하는 이미지 트레이닝과 마찬가지로 실제로 리허설을 해보는 것이 불가능할 때 그 장면을 떠올리며 성공하는 자신의 모습을 그려본다. 불안이나 긴장이 완화될 것이다. 또한 건전한 이미지는 치유력을 높인다고 한다. 이미지 치료를 발전시킨 사이몬톤 요법이라는 것도 있다. 이것은 백혈구가 암세포를 죽이는 것을 이미지하여 병을 치료하는 방법이다.

장면이나 흐름을 시뮬레이션해 보면서 성공하는 이미지를 불어넣는다.

가족치료

해설 문제를 일으킨 당사자에게만 원인이 있는 것이 아니라 가족 시스템 자체가 병들어 있다고 보고 가족 전체를 치료하는 요법이다.

사용 설명서 팁 가족 중 누군가 한 사람의 불협화음은 다른 사람에게 전파된다. 은둔이나 가정 내 폭력 해결에 도움이 되는 치료법이다.

카운슬러가 개입하여 문제 해결에 나선다

은둔 문제로 고민하고 있는 가족이 있다고 하자. 문제를 일으키고 있는 아이뿐 아니라 엄마나 아빠 그리고 주위 사람들과도 면담을 진행하여 문제의 본질을 찾아낸다. 양친의 사이가 나쁘거나 부모의 과도한 기대 또는 무관심, 형제 관계를 파고 들어보자.

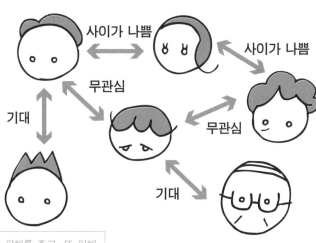

가족 누군가에게 피해를 주고, 또 피해를 받음으로써 관계가 성립되는 가족도 있다. 이것을 가족이촌증이라고 한다.

예술치료

해설 회화, 음악, 도예 등을 활용하여 마음을 치유하는 수법.

사용 설명서 팁 카운슬링 같은 대인치료와 더불어 자신의 내면에 눈을 돌리는 치료 형태로 병행하면 좋다.

▎ 표현이 카타르시스(정화) 효과를 낳는다

감정을 겉으로 드러내는 것은 카타르시스(정화) 효과가 있어 예술이 마음을 치유해주는 것으로 알려져 있다. 치료 과정에서 그림을 그리는 일도 많아 매우 효과적인 치료법이다. 융도 심리적으로 불안해졌을 때 자신의 내면을 들여다보고 그것을 그림으로 그렸다고 한다. 그림뿐 아니라 표현하는 것이라면 다양한 수법이 있다.

말로는 전달할 수 없는 감정이 튀어나오기 때문에 효과가 있다.

정신과 약물치료

해설 마음의 병을 치료하기 위해 약물을 투여하는 요법.

사용 설명서 팁 심리치료와 병행해서 보다 효과적인 치료를 지향한다. 의사와 카운슬러 모두의 협조가 필요하다.

증상에 맞는 약 종류를 이해한다

정신과 약물치료에서 취급하는 향정신성의약품에는 다양한 종류가 있다. 의사와 상담한 후 사용하고 증상을 완화시킨다. 동시에 심리적·환경적 문제를 해결하고 근본적인 치료·개선을 도모한다.

| 향정신성의약품 |
| 망상·환각 해소 |
| (조현병, 우울병) |

| 항우울제 |
| 우울한 기분 개선 |
| (우울증 등) |

| 항불안제 |
| 불안감, 긴장 완화 |
| (신경증, 심신증) |

| 수면제 |
| 수면 유도·지속 |
| (우울증, 불면증 등) |

| 신경안정제 |
| 조증 상태 완화 |
| (조울증, 심신증 등) |

| 정신자극제 |
| 정신 기능과 활동성 향상 |
| (기면증, ADHD) |

최면치료

해설 최면치료는 독일의 의사 메스머(307쪽)가 시초이며 프로이트에도 큰 영향을 미친 심리치료이다. 최면 상태에서 보이는 언동을 치료에 활용한다.

· ·

사용 설명서 팁 최면치료는 히프노세라피(Hypno-therapy)라고도 부른다. 잠재의식에 있는 트라우마와 마음속에 걸리는 일에 접근해서 마음 깊은 곳에 있는 부적응을 깨닫고 조절할 수 있다.

· ·

│ 잠재의식에 눈을 돌린다

최면치료는 최면술과는 다르다. 의식이 있으면서 긴장을 푼 편안한 상태에서 어느 일정한 감각에 집중할 수 있는 체험으로 자신의 유아 체험이나 억압된 잠재의식에 접근한다. 초자연적 현상이 아닌 심리치료의 하나로 인정받고 있다.

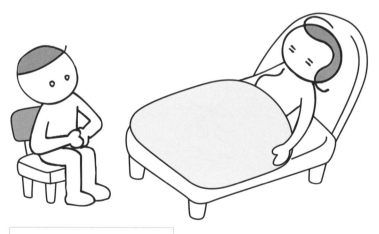

선잠이 든 상태에서 자신을 억압하는 일을 떠올린다.

통합적 어프로치

해설 정신분석과 인지행동치료 등의 심리적 치료와 의학적 약물치료를 조합하여 마음의 병과 부적응에 대응한다는 개념이다.

사용 설명서 팁 마음의 문제는 십인십색인 만큼 대응도 십인십색. 여기에서 소개한 치료의 장점, 적합하지 않은 점을 이해하고 참고하기 바란다.

증상과 개성에 맞춰 병행 치료

비교적 가벼운 우울증 상태라면 카운슬링이나 일상에서 가능한 심리요법적 해결 방법으로도 마음은 훨씬 가벼워질 것이다. 그러나 뇌기능 문제에서 기인하는 조현병 등의 장애는 약물치료와 심리치료를 병행하는 것이 필수다.

한 가지 치료법으로 막히면 다른 방법을 모색한다. 그를 위해서는 세컨드 오피니언을 빼놓을 수 없다

마음의 문제를 안다

제
7
장

집단 심리치료

해설 마음의 병과 장애를 가진 여러 사람이 그룹을 이루어 심리적 치료를 받는 방법. 각종 의존증을 치료하는 방법으로 이용된다.

사용 설명서 팁 같은 고민을 가진 사람들이 모이기 때문에 치료를 하는 과정에서 안정감을 갖는 상승효과를 기대할 수 있다. 의료기관이나 민간단체에서 시행하고 있다.

나만 고민하고 있는 것은 아니다

같은 고민을 가진 사람들이 모여 생각과 해결책을 공유함으로써 상호 좋은 작용을 미칠 수 있는 것이 집단 심리치료의 특징이다. 자신의 괴로움을 모두에게 전달하는 자기개방으로 카타르시스 효과도 기대할 수 있다. 여러 단체에서 의존증 등의 문제로 고민하는 사람들을 지원하고 있으므로 찾아보기 바란다.

마음의 문제를 안다

혼자 고립되어 있으면 더 심각해진다. 주위와 관계를 맺는 것이 마음의 병을 치유하는 데 있어 중요하다.

업무 스트레스로 그만 알코올에 의지하게 돼서…

응응, 알아…

모리타 치료

해설 일본의 의학자 모리타 마사타카(305쪽)가 고안한 신경증에 대한 심리치료법. 마음의 병을 치료하는 데 유용하게 활용되고 있다.

사용 설명서 팁 입원치료와 외래치료가 있다. 동양 철학인 '있는 그대로'라는 개념이 밑바닥에 깔려 있다.

｜ 키워드는 '있는 그대로'

모리타 치료의 특징은 '있는 그대로를 받아들이고, 있는 그대로가 좋다' 라고 자신을 긍정하는 것. 고민하는 이유와 원인은 제쳐두고 그저 살아있 고 일하고 움직이는 것이 중요하다는 깨달음을 얻는 치료법이다.

1. 절대와욕기
온종일 방에 누워 지낸다. 초기에는 불안에 휩싸이지만 극복하고 나면 활동 의욕이 되 살아난다. 이것이 치료에 에너지가 된다.

2. 경작업기
바깥세상으로 나와 외계에 접한다. 이때 일 기를 쓰거나 면담을 하면 마음의 갈등이 겉 으로 드러난다.

3. 중작업기
원예나 요리 등 활발하게 활동한다. 작업을 통해 달성감을 얻는 시기이다.

4. 사회생활에 복귀
외박을 하는 등 사회에 복귀할 준비를 한다.

제
7
장

마음의 문제를 안다

내관치료

해설 정토진종*의 승려 요시모토 이신(305쪽)이 실천한 내관법을 의료와 임상심리에 응용한 치료 방법. 자기성찰을 주요 기법으로 치료에 활용한다.

사용 설명서 팁 성찰을 통해 마음의 안정을 얻을 수 있다. 마음의 병으로 고민하는 사람뿐 아니라 일상생활에서도 마음을 조절할 수 있다.

집중적인 반복으로 타인과 자신에 대한 이해를 깊이 한다

내관치료에서는 양친과 형제, 가까운 사람에 대해 '신세를 진 일', '폐를 끼친 일'이 무엇인지를 집중해서 돌아봄으로써 다른 사람에 대한 이해와 신뢰, 자신에 대한 이해가 깊어져 마음의 부적응을 적응 상태로 바꿀 수 있다고 한다. 병원 등 시설에 1주간 틀어박혀 하는 집중내관과 일상생활 속에서 수행하는 일상내관이 있다.

병풍 등으로 가리고 외계로부터의 자극을 차단. 아침 6시부터 밤 9시까지 회상을 반복해서 집중 수행한다.

일상적으로 내관할 수 있을 때까지 집중내관으로 방법을 터득한다.

*정토진종(淨土眞宗) : 신란(親鸞, 12세기 말 정토진종을 창시한 고승)을 종조로 하는 불교의 일파

회상법

해설 미국의 정신과 의사 로버트 버틀러가 제창했다. 치매 예방과 대책에 도움이 되는 것으로 알려져 있다.

사용 설명서 팁 과거를 말하는 것만으로도 인지 기능이 개선될 수 있다. 적극적으로 자신의 추억을 뒤돌아보고 다른 사람의 옛이야기에도 귀를 기울이자.

추억을 이야기하는 것이 치매 예방에 도움이 된다

회상요법의 장점은 가정에서도 실천하기 쉽다는 것. 함께 사진을 들춰보면서 어릴 적 추억에 대해 이야기를 나누거나 당시의 영화를 함께 보자. 추억하고 함께 이야기를 나누며 얘기하면서 인생의 가치를 재발견하는 것이 중요하다. 나아가 치매와 우울증 치료에도 효과가 있다고 한다. 실제로 회상의 효과는 일본 국립장수의료연구센터에서도 검증됐고 인지 기능이 개선했다고 하는 결과가 있다.

나이를 먹음에 따라 쇠퇴하는 것이 단기기억. 뇌에 오래 머물러 있는 것은 장기기억이다.

전쟁은 정말로 무서웠어~

그렇구나…

인지 왜곡을 바로잡아
증상을 개선

아론 T. 벡

Aaron Temkin Beck (1921~)

미국의 정신과의사. 인지행동치료의 이론적 기초를 닦았다. 우울증 인
지치료 창시자로 알려져 있으며, 이 이론은 우울증 치료에 널리 활용
되고 있다. 또한 우울증 치료에 관해 벡 우울 척도(BDI), 벡 절망감 척
도(BHS), 벡 불안 척도(BAI) 등의 평가 척도를 만들었다.

받아들이는 방법을 바꾸면
심리적 반응도 바뀐다

알버트 엘리스

Albert Ellis (1913~2007)

미국의 임상심리학자. 벡이 창시한 인지치료와 함께 인지행동치료라
불리는 인지에 초점을 둔 치료법의 기초를 세웠다. 합리정서행동치료
의 창시자이기도 하다.

일본 독자의
심리치료를 창시

모리타 마사타카

Morita Masataka (1874~1938)

일본의 정신과 의사. 당시만 해도 신경쇠약이라고 부르던 신경증을 '신경질'이라고 바꾸어 기질의 문제라고 봤으며 신경질에 대한 신경치료의 하나인 모리타 치료를 창시했다. 질병(신경질)=소질(히포콘드리아성 기질)×기회×병인(정신교호작용)이라고 생각했다.

신체 조사부터 내관으로

요시모토 이신

Yoshimoto Ishin (1916~1988)

실업가 출신 정토진종 대변파의 승려. 정토진종계 신앙 집단 제관안에 전해지는 '신체 조사'를 만인에게 적용한 내관치료(내관) 창시자. 또한 교회사(教誨師)로도 활동했으며 내관치료는 유덕한 생생 누법으로 선국의 교성 시실에 확산됐다.

카운슬러 중심에서 클라이언트 중심으로

칼 로저스
Carl Ransom Rogers (1902~1987)

미국의 임상심리학자. 카운슬링 수법인 '내담자 중심 치료' 창시자. 당초는 비지시적 상담이라고 불렸지만 중심 요법으로 개칭되어 클라이언트(환자) 중심이라는 방침에 맞춰 한 층 더 카운슬러의 태도 조건을 중시했다.

긍정적인 마인드가 행복의 열쇠이다

마틴 셀리그만
Martin Seligman (1942~)

미국의 심리학자. 오페란트 조건형성에 의한 동물 실험을 통해 학습성 무력감을 제창했다. 그후 행복의 열쇠로서 긍정 마인드에 주목하고 긍정심리학을 창설했다.

환경을 변화시키면서
스트레스에 대처한다

리처드 라자루스

Richard Lazarus (1922~2002)

미국의 심리학자. 심리학적 스트레스에 주목하여 인간과 환경의 상호작용설에서 스트레스 이론을 제창했다. 감정의 인지 매개 이론으로 이름이 높고 특히 스트레스 코핑(스트레스 대처) 연구로 알려져 있다. 저서에 『스트레스 심리학-인지적 평가와 대처 연구』등이 있다.

최면술의 어원이
되기도 한 남자

프란츠 안톤 메스머

Franz Anton Mesmer (1734~1815)

독일의 의사. 뉴턴역학에 영향을 받아 인체에도 조수간만이 있다고 생각하고 그것을 동물 자기(磁氣)라고 이름 붙였다. 동물 자기설은 메스메리즘이라고도 불리며 메스머의 이름은 영어의 최면술을 걸다(mesmerize)의 어원이기도 하다.

참고문헌

〈재미있을수록 쉽게 이해하는 심리학〉保坂隆 감수(日本文芸社)

〈재밌을수록 쉽게 이해하는 심리학의 모든 것〉浜村良久 감수(日本文芸社)

〈재밌을수록 쉽게 이해한다! 타인의 심리학〉渋谷昌三 저(西東社)

〈게임 이론의 사고법〉川西勇 저(KADOKAWA/中経出版)

〈'마음' 전문가가 된다! 임상심리학 이야기〉山本和郎 저(나츠메사)

〈서브리미널 마인드〉下條信輔 저(中央公論社)

〈자신을 알 수 있는 심리 테스트〉芦原睦 저, 桂戴作 감수(講談社)

〈심리학 사전〉中島義明 외 편(有斐閣)

〈심리학 사전〉下山晴彦 외 편(誠信書房)

〈도해 사람의 마음을 알 수 있는 프로이트 이야기〉山竹伸二 감수(日本文芸社)

〈도해 임상심리학〉稲富正治 저(日本文芸社)

〈피곤하지 않는 뇌를 만드는 생활 습관〉石川善樹 저(프레지던트사)

〈뇌가 인정하는 공부법〉베네딕트 캐리 저, 花塚恵 역(다이아몬드사)

〈모자화의 임상 응용〉재클린 길레스피 저, 松下恵三子 · 石川元 역(金剛出版)

〈힐가드의 심리학 제14판〉에드워드 E. 스미스 외 저, 内田一成 감역(브레인출판)

〈프로가 가르치는 심리학의 모든 것을 알 수 있는 책〉大井晴策 감수(나츠메사)

〈베테루 집의 '잘못' 원조론〉浦河베텔의 집 저(医学書院)

〈만화로 쉽게 이해하는 심리학〉横田正夫 저(일본능률협회매니지먼트센터)

〈목격 증언〉엘리자베스 로프터스 외 저, 厳島行雄 역(岩波書店)

〈교통심리학-사고를 일으키지 않는 20가지 방법〉長塚康弘 저(新潟日報事業社)

〈전쟁에서 '살인'의 심리학〉데이브 그로스먼 저, 安原和見 역(치쿠마문고)

후기

요코타 마사오

이 책은 만화를 사용하여 쉽게 이해할 수 있도록 했다. 기존의 매뉴얼은 문자와 도해로 설명을 보충했지만 이해를 돕기 위해 만화와 일러스트를 사용한 점에서 새롭다. 애당초 만화와 일러스트는 학문과는 어울리지 않다고 생각할 수도 있을 것이다. 그러나 생각해보기 바란다.

현대 사회에서 만화 문화에 접하지 않는 사람이 있을까. 대다수의 현역 세대는 만화를 읽고 자란다. 60대 이후의 세대는 활자문화 속에서 자랐을지 모르지만 그보다 젊은 세대는 만화 문화에 물들어 있다. 지금도 만화 문화는 세계로 확산되고 만화의 힘을 빌리지 않고서는 책을 선택받지 못하는 상황마저 일어나고 있다.

그렇다면 만화를 매체로 한 심리학서가 나와도 좋을 법하다. 활자라면 가까이 하기 어려운 사상도 만화라면 한눈에 쉽게 알 수 있다. 이 책은 만화의 이점을 충분히 활용해서 구성되어 있다.

심리학은 오히려 가까이 하기 쉬운 분야이며, 가령 장벽이 느껴진다 해도 그것을 조금이라도 없애는 역할을 할 수 있다면 이 책의 의의는 달성했다고 할 수 있겠다.

그리고 '심리학은 재미있다'고 생각해 줄 수 있다면 대단히 감사하겠다.

심리학이 커버하는 영역은 매우 넓다.

이 책의 특징은 사회에 적응하는 것을 시야에 두고 아이 성장, 모자 관계, 회사 적응, 학교 적응 등을 다루었으므로 각각이 안고 있는 성장 과제에 맞는 방법으로 읽을 수 있다. 특히 사회 적응이 어렵다고 느끼는 사람도 곤란함을 이해하고 그곳으로부터 벗어나는 단서를 얻을 수 있도록 전체를 구성했다.

이러한 구성을 통해 다음 성장 과정에 놓인 과제를 예측하고 그 준비를 하는 것이 가능하며 지도자 입장에 놓인 사람이라면 이끌어야 할 자들이 어떤 문제를 안고 있는 세대인지를 이해하고 성장을 유도하는 데도 도움이 된다.

여러 가지 방법으로 활용할 수 있도록 구성했으므로 〈교양 심리학 사용 설명서〉를 마음의 사용 설명서로서 유용하게 활용하기 바란다.

찾아보기

교양 심리학 사용 설명서

2019. 11. 11. 1판 1쇄 인쇄
2019. 11. 18. 1판 1쇄 발행

감　수 | 요코타 마사오
옮긴이 | 김정아
펴낸이 | 이종춘
펴낸곳 | BM (주)도서출판 성안당
주소 | 04032 서울시 마포구 양화로 127 첨단빌딩 3층(출판기획 R&D 센터)
　　　 10881 경기도 파주시 문발로 112 출판문화정보산업단지(제작 및 물류)
전화 | 02) 3142-0036
　　　 031) 950-6300
팩스 | 031) 955-0510
등록 | 1973. 2. 1. 제406-2005-000046호
출판사 홈페이지 | **www.cyber.co.kr**
ISBN | 978-89-315-8822-4 (03180)
정가 | **17,000원**

이 책을 만든 사람들
책임 | 최옥현
진행 | 김혜숙
본문 디자인 | 김인환
표지 디자인 | 임진영
홍보 | 김계향
국제부 | 이선민, 조혜란, 김혜숙
마케팅 | 구본철, 차정욱, 나진호, 이동후, 강호묵
제작 | 김유석

■ **도서 A/S 안내**

성안당에서 발행하는 모든 도서는 저자와 출판사, 그리고 독자가 함께 만들어 나갑니다.
좋은 책을 펴내기 위해 많은 노력을 기울이고 있습니다. 혹시라도 내용상의 오류나 오탈자 등이
발견되면 "좋은 책은 나라의 보배"로서 우리 모두가 함께 만들어 간다는 마음으로 연락주시기
바랍니다. 수정 보완하여 더 나은 책이 되도록 최선을 다하겠습니다.
성안당은 늘 독자 여러분들의 소중한 의견을 기다리고 있습니다. 좋은 의견을 보내주시는 분께는
성안당 쇼핑몰의 포인트(3,000포인트)를 적립해 드립니다.
잘못 만들어진 책이나 부록 등이 파손된 경우에는 교환해 드립니다.